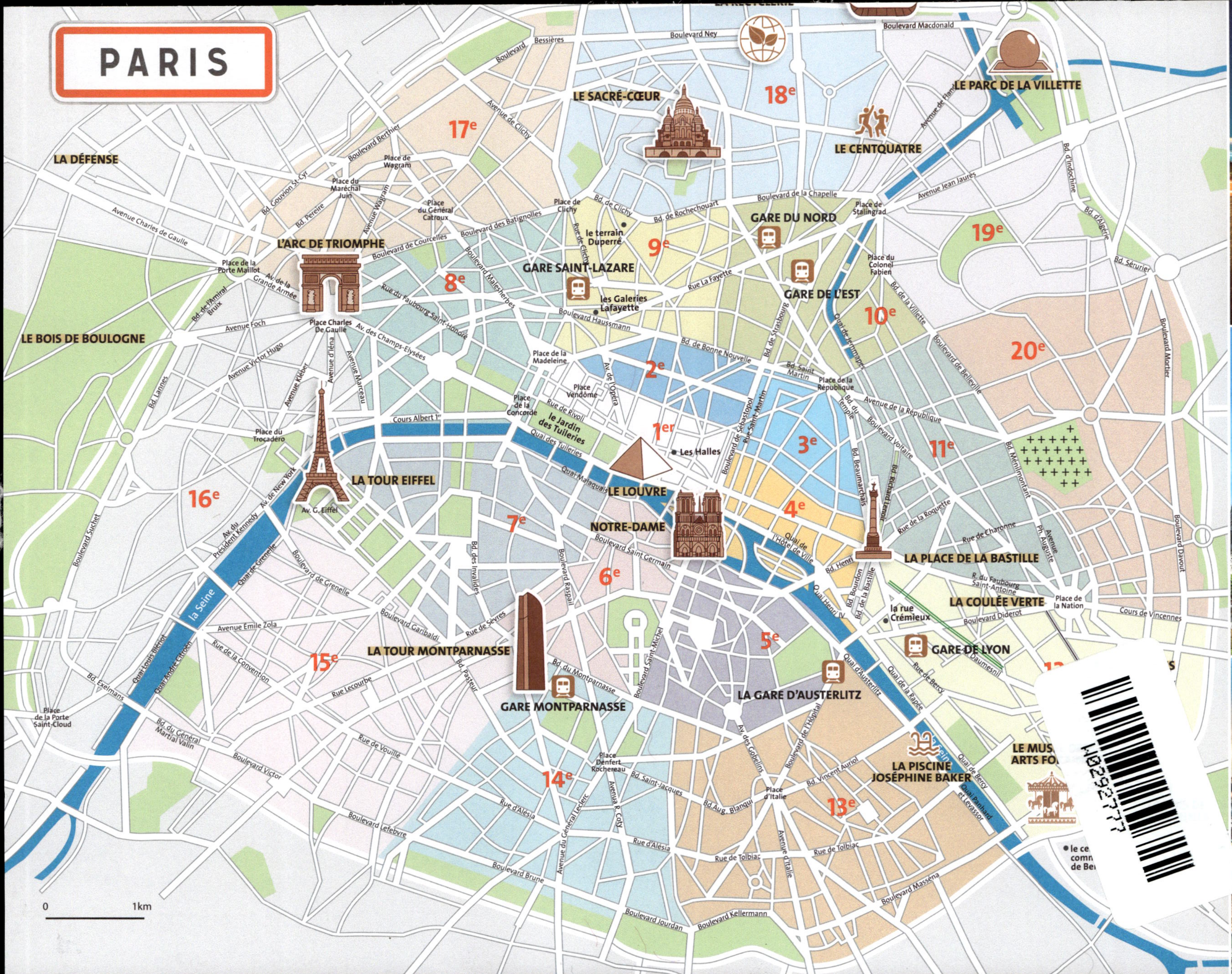
PARIS
LA DÉFENSE
LE BOIS DE BOULOGNE
L'ARC DE TRIOMPHE
LE SACRÉ-CŒUR
LE CENTQUATRE
LE PARC DE LA VILLETTE
GARE SAINT-LAZARE
GARE DU NORD
GARE DE L'EST
les Galeries Lafayette
le terrain Duperré
LA TOUR EIFFEL
LE LOUVRE
Les Halles
le Jardin des Tuileries
NOTRE-DAME
LA PLACE DE LA BASTILLE
LA COULÉE VERTE
la rue Crémieux
GARE DE LYON
LA GARE D'AUSTERLITZ
LA PISCINE JOSÉPHINE BAKER
LA TOUR MONTPARNASSE
GARE MONTPARNASSE
la Seine
17e
18e
19e
20e
8e
9e
10e
2e
1er
3e
11e
4e
16e
7e
6e
5e
15e
14e
13e
0
1km

l'Arc de Triomphe

le Sacré-Cœur

le Pont de Bir-Hakeim

À toi ! 2

In der Cornelsen Lernen App findest du passend zu deinem Französischbuch

- alle Audios
- alle Videos und Erklärfilme
- Ideen und Hilfen zu ausgewählten Aufgaben

Cornelsen

Inhalt

Inhalt

Inhalt

Inhalt

Wegweiser

Unité 1	Dein **Buch besteht aus fünf Kapiteln**: Sie heißen *Unités*.
Partie A/B	Jede *Unité* hat zwei Teile: *Partie A* und *Partie B*. Diese **enden jeweils mit einer Lernaufgabe**: der *Mini-tâche*. In der *Unité* arbeitest du gezielt darauf hin.
▶ 🔊	Alle **Filme und Audios** deines Französischbuches findest du in der **Cornelsen Lernen App** (offline und online).
Grammaire	Die **Zusammenfassung der Grammatik** einer *Unité* unterstützt dich beim Wiederholen, z. B. vor einem Test.
▷ ERKLÄRFILM	Die **Erklärfilme zur Grammatik** kannst du dir zu Hause oder unterwegs ansehen. Darin wird dir alles noch einmal ganz genau erklärt.
Exercices supplémentaires	Anhand dieser **Zusatzaufgaben** zu Grammatik, Aussprache und Wortschatz kannst du vertiefend üben und wiederholen.
▷ ERKLÄRFILM	Sieh dir die **Wortschatzerklärfilme** in den *Exercices supplémentaires* so oft wie möglich an. Übe auch mithilfe der Karaokeversion: Viel Spaß!
La France en vidéo	Hier siehst du **weitere Filme** und trainierst das Hörsehverstehen.
Le Magazine	Französisch wird **auf der ganzen Welt** gesprochen: Entdecke auf diesen Seiten mehr über Frankreich und weitere Länder der Frankofonie.
Module	Zwischen den *Unités* gibt es **kurze Module**, z. B. zu den Themen „Uhrzeit" oder „Einen Kurzvortrag halten".
Bilan	Was hast du schon gelernt? Was kannst du jetzt? Auf diesen Seiten überprüfst du deinen **Lernstand** selbstständig.

Wichtige Symbole

- ▶ Dieser Pfeil verweist auf eine andere Seite.
- Übung zu zweit
- Gruppenübung
- einfachere Aufgabe: Hilfe gibt es in der App.
- mittlere Aufgabe
- anspruchsvollere Aufgabe: Du findest sie hinten in deinem Buch.
- Sprachmittlung
- In diesen Kästen bekommst du Tipps, die das Lernen erleichtern.
- Bist du fit im Umgang mit digitalen Medien? Finde es heraus!
- Wusstest du das schon? Hier erfährst du mehr über Frankreich!
- Hier erfährst du mehr über andere Länder, in denen Französisch gesprochen wird (Frankofonie).

Visitez Paris !

1

LA TOUR Eiffel

Pour monter à pied...

Adultes :	10,70 €
Jeunes (de 12 à 24 ans) :	5,40 €
Enfants (de 4 à 11 ans) :	2,70 €

2

Visitez les Catacombes !

Adultes :	15 €
Jeunes (de 18 à 26 ans) :	13 €
Moins de 18 ans :	gratuit

Métro : Denfert-Rochereau

5

LE MUSÉE DU LOUVR

6

Pour découvrir Paris, les promenades en bateaux-mouches sont formidables !

Adultes : 15 €
Enfants (moins de 12 ans) : 7 €
Enfants (moins de 4 ans) : gratuit

La Seine est aussi l'endroit idéal pour faire un pique-nique et pour faire des balades à pied ou en rollers.

3

Vous aimez le foot ?

Visitez le **PARC DES PRINCES** !
C'est le stade du club de **Paris Saint-Germain** (PSG).
Adultes : 24,90 €, Enfants (moins de 13 ans) : 14,90 €

4

Street art à Paris

Explorez les quartiers de Paris et découvrez les graffitis. Le street art est partout… et c'est 100 % gratuit !

9 millions de visiteurs par an !

Visite gratuite pour les moins de 18 ans !

7

Découvrez le Parc de la Villette

Il y a des espaces verts, des salles de concert, la Géode (avec son cinéma) et des musées : par exemple, la Cité des sciences et de l'industrie.

1 **Fais la médiation.** | Deine Eltern wollen mit dir nach Paris fahren. Erkläre ihnen auf Deutsch, was ihr dort alles machen könnt und was es kostet.

2 **Qu'est-ce que tu voudrais visiter à Paris ?** | Seht euch die Angebote auf der Doppelseite an und tauscht euch aus: Was würdet ihr gerne in Paris besichtigen? Warum?

Je voudrais visiter[1] (le Louvre) parce que	j'adore les musées / les parcs / le foot. j'aime la nature / les stades / les tours. je suis fan de sport / de sciences. c'est cool !	Et toi ?

1 visiter qc etw. besichtigen

Paris

3 **Les arrondissements de Paris.** | Sieh dir das Video an und beantworte die Fragen.

1. Was ist ein Arrondissement?
2. Wie viele Arrondissements hat Paris?
3. Wie sind sie angeordnet?
4. In welchem Arrondissement liegt
   – der Louvre?
   – Notre-Dame?
   – der Eiffelturm?

4 **Vous êtes à Paris. Parlez à deux.** | Ihr seid in Paris und lernt andere Jugendliche kennen. Stellt euch in einem Dialog gegenseitig vor.

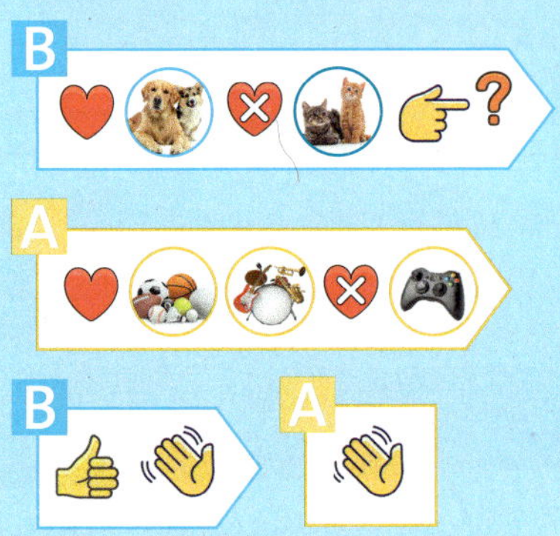

Seht euch zur Erinnerung das Video an. Übt dann den Dialog im blauen Kasten ein und lernt ihn auswendig.

5 **Présentez-vous dans un rap.** | Stellt euch, eure Schule und euren Wohnort in einem Rap vor.

a **Hört den „Rap des copains" an und lest mit (→ Text, S. 11). Hört ihn dann ein zweites Mal an und schlagt den Rhythmus mit.**

b **Hört euch nur den Refrain an und lest mit. Sprecht dann laut mit. Die fett gedruckten Silben zeigen euch die Betonungen an.**

Refrain

Bon**jour**, bon**jour**, bon**jour** les **amis** !
Et **bien**venue, **bien**venue à Paris !
Nous **sommes**, oui nous **sommes** des gar**çons** et des **filles**
De Bas**tille**, oui, de Bas**tille** !

c **Sprecht nun den Refrain auf den Beat.**

d **Nehmt den „Rap des copains" als Vorlage und schreibt euren eigenen Rap.**

1. Im Refrain braucht ihr nur die Ortsnamen ändern. Es muss sich nicht reimen!
2. Schreibt dann zusammen eine Strophe über eure Schule.
3. Und nun jede/-r eine Strophe über sich.

> Die markierten Stellen ersetzt ihr durch euren Text.

LE RAP DES COPAINS

Refrain	
Bonjour, bonjour, bonjour les amis	← Begrüßung
Et bienvenue, bienvenue à Paris !	← Stadt
Nous sommes, oui nous sommes des garçons et des filles	
De Bastille, oui, de Bastille !	
À Paris, il y a un quartier : le quartier Bastille !	← Wohnort/Viertel
À Bastille, il y a un collège : le collège Paul Valéry !	← Schule
Et là, et là, il y a des classes : des classes de cinquième.	← Klasse:
C'est nous ! C'est nous ! La cinquième A, la cinquième B !	*cinquième/quatrième*
Salut ! Je m'appelle Gabin et j'ai 12 ans – eh oui ! eh oui !	← Name + Alter
J'aime les jeux vidéo et les drones – et Jeanne aussi !	← Vorlieben + Freunde
Coucou ! Moi, c'est Jeanne et j'ai 13 ans – eh oui ! eh oui !	← Name + Alter
Je suis fan de musique – et Lili-Rose, c'est mon amie !	← Vorlieben + Freunde
Coucou ! Moi, c'est Lili-Rose et j'ai 13 ans – eh oui ! eh oui !	
J'aime les chiens et le basket – et Idriss, c'est mon ami !	
Salut ! Je m'appelle Idriss et j'ai 12 ans – eh oui ! eh oui !	
J'aime Paris, le sport et la Tunisie – et Noé aussi !	

e **Übt euren Rap so lange mit der Karaokeversion, bis ihr ihn gut könnt. Nehmt ihn dann auf.**

> So könnt ihr auf einen Beat rappen und euch dabei aufnehmen: Arbeitet zu zweit. Ihr braucht zwei Handys. Mit dem einen Handy spielt ihr den Beat ab, mit dem anderen Handy nehmt ihr euren Rap zusammen mit dem Beat auf.

Unité 1

Joyeux anniversaire !

AU PRINTEMPS
- mars
- avril
- mai

EN ÉTÉ
- juin
- juillet
- août

Nach dieser Unité kannst du:

☑ eine Einladung zu einer Feier schreiben.

☑ dich mit jemandem über ein Geschenk austauschen.

Dafür lernst du:

- zu sagen, wann du Geburtstag hast.
- über Aktivitäten zu sprechen.
- über Geschenke und Preise zu sprechen.
- deine Meinung zu äußern.

EN AUTOMNE
- septembre
- octobre
- novembre

EN HIVER
- décembre
- janvier
- février

1 **C'est quand, l'anniversaire d'Idriss et de Noé ? Regarde la vidéo et réponds.** | Wann haben Idriss und Noé Geburtstag? Schließe dein Buch. Sieh dir das Video an und antworte.

2 **Lest die Monatsnamen. Welche ähneln dem Deutschen?**

3 **Écoute, puis chante la chanson.** | Hör erst zu. Dann sing mit.

Écoute d'abord et répète après,
Chante avec moi les mois en français !
En automne, en hiver, au printemps, en été !
Chante avec moi les mois en français :
janvier, février, mars, avril ! (*2x*)
mai, juin, juillet, août ! (*2x*)
septembre, octobre, novembre, décembre ! (*2x*)

4 a Répète les chiffres et les mois. | Um zu sagen, wann jemand Geburtstag hat, brauchst du die Zahlen bis 31. Hör dir die Zahlen und Monate an und sprich nach.

b Jede/-r schreibt zehn Zahlen zwischen 1 und 31 auf. Diktiert sie euch danach gegenseitig.

5 C'est quand, leur anniversaire ? Écoute et note. | Wann haben sie Geburtstag? Hör zu und schreibe die Daten auf.

Exemple : L'anniversaire de Noé, c'est le 1er août.

So gibst du das Datum an:

der 1. März	le 1er mars
der 2. Mai	le 2 mai
der 31. August	le 31 août

Noé

Lili-Rose

Gabin

Jeanne

Côtelette

6 Entraîne-toi avec la chaîne à l'envers. Écoute et répète. | Trainiere mit der Rückwärtskette. Hör zu und sprich nach.

C'est quand, ton anniversaire ?

Mon anniversaire, c'est le 3 septembre.

7 a Posez des questions et répondez. | Fragt fünf Mitschüler/-innen nach ihrem Geburtstag. Schreibt euch die Daten auf.

C'est quand, ton anniversaire ?

Mon anniversaire, c'est le 16 juin.

b Faites un calendrier des anniversaires. | Erstellt einen Geburtstagskalender und hängt ihn in eurem Klassenraum auf.

On fait la fête !

Stratégie Avant la lecture

1 In einer Einladung gibt man den Wochentag und das Datum an. Sechs Wochentage wurden im Französischen nach Planeten und dem Mond benannt. Welcher Tag leitet sich von welchem Planeten ab? Ordnet zu und hört euch die Wochentage an. Welcher Tag bleibt übrig?

lundi	mardi	mercredi	jeudi	vendredi	samedi	dimanche

Lire et comprendre

2 **Lis l'invitation d'Idriss et choisis les bonnes réponses.** | Lies die Einladung von Idriss und wähle die richtige(n) Antwort(en) aus.

1. C'est quand, la fête d'Idriss ?
   - A C'est le trois septembre à six heures.
   - B C'est le trois septembre à seize heures.
   - C C'est le treize septembre à seize heures.

2. Qu'est-ce qu'ils font ?

3. Qu'est-ce que les amis/amies apportent ?

S'entraîner au dialogue

3 a **Écoute et répète après le signal sonore.** | Hör zu und sprich nach dem Tonsignal nach.

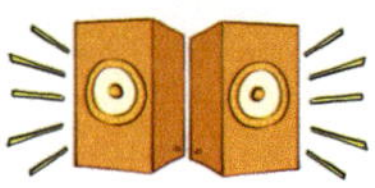

Tu fais du camping ?

b **Mimez des activités. Les autres devinent.** | Stellt eine Aktivität pantomimisch dar. Die anderen raten.

Tu fais	du	camping/basket/foot/sport/théâtre ?
	de la	danse/guitare/trottinette/musique ?
	de l'	escalade ?
	des	photos ?

S'entraîner

4 a **Écoute et chante la chanson du verbe *faire*.** | Mit diesem Lied übst du das Verb *faire*. Hör zu und sing mit. ▶ Liedtext, S. 130

b **Jouez avec des dés et faites des phrases.** | Leider findet dieses Wochenende keine Party statt! Was macht ihr stattdessen? Würfelt zweimal und bildet Sätze. ▶ p. 110 ▶ Grammaire, p. 22/1

Exemple : Tu **fais** de la trottinette.

Je		du sport.
Tu		de la danse.
Mon copain	*faire*	du camping.
Ma copine		de l'escalade.
Mes amis et moi, on		de la trottinette.
Nous		des pizzas.

Ihr habt keinen Würfel? Dann ladet eine Würfel-App herunter.

Écouter et comprendre

5 **Écoute et compare.** | Jeanne weiß nicht mehr, wann Idriss' Geburtstagsparty stattfindet. Sie ruft Noé an. Lies noch einmal die Einladung (S. 15), hör zu und vergleiche. Welche Information hat Noé falsch weitergegeben? Was hat er vergessen?

Mini-tâche : Écrire

Du kannst auch eine digitale Einladung erstellen.

DELF

6 **Écris une invitation pour une fête.** | Schreibe eine Einladung zu einer Feier. ▶ p. 110

Einleitung	Je fais une fête et je t'invite !		
Grund	Pourquoi ?	• Parce que c'est mon anniversaire ! • Parce que mes parents ne sont pas là ! • Parce que __.	
Datum und Uhrzeit	Quand ?	(Vendredi 1er juin) à (18) heures.	
Ort	Où ?	• Chez moi, (Badstraße 8). • Dans (le parc Stadtpark).	
Aktivitäten	Qu'est-ce qu'on fait ?	• On fait • Nous faisons	• des pizzas (et __). • de la trottinette/musique ensemble. • du sport/foot/basket/théâtre. • du camping dans le salon. • de l'escalade.
		• On joue à (Minecraft) (et __). • On dessine (des mangas). • On écoute (de la musique). • On regarde des séries / un épisode de __.	
Mitbringen	S'il te plaît, apporte :	• des vêtements de sport (et aussi __). • ta console / ta trousse / __. • une enceinte. • un sac de couchage. • une salade / __. • et… un cadeau.	
Verabschiedung	Je compte sur toi ! À plus ! (+ *dein Name*)		

Weitere Aktivitäten findest du auf Seite 137.

Un cadeau pour un copain

Stratégie Avant la lecture

1 Regarde le chat. Qui écrit ? Quoi ? | Überfliege den Chat. Wer schreibt? Worum geht es?

Verstehen, worum es geht: Überfliege einmal den gesamten Text, ohne dich von unbekannten Wörtern aufhalten zu lassen. So verstehst du grob, worum es geht.

cadeau pour Idriss

Jeanne
Qu'est-ce que vous achetez comme cadeau pour Idriss ? 19:45

Noé
Je ne sais pas. 19:46

Lili-Rose
C'est quand, son anniversaire ? 19:50

Gabin
Samedi. 19:51

Lili-Rose
Ah oui, c'est vrai ! Il fait une fête ! ... Et on fait de l'escalade ! 😲 19:53

Gabin
On pourrait faire un cadeau ensemble. 19:53

Noé
D'accord ! Vous avez une idée ? Qu'est-ce qu'il aime ? 19:54

Jeanne
Il adore les pâtisseries ! 19:54

Lili-Rose
OUI ! @Noé Tu fais ton gâteau au chocolat ? Il est super ! 19:55

Gabin
👍 Et j'ai une idée pour le cadeau ! Idriss aime le foot. On achète un maillot de Mbappé ? 19:57

Lili-Rose
Ça coûte combien ? 19:58

Gabin
Ça coûte 40 euros. 19:58

Lili-Rose
40 euros ?! C'est trop cher ! 19:59

Noé
Moi aussi, je trouve que c'est trop cher. 20:00

Jeanne
J'appelle son frère Abdel. On est ensemble dans le club de théâtre. Il a peut-être une idée... 20:04

Noé
Super ! Moi, je fais le gâteau et vous achetez le cadeau ensemble. 20:05

Gabin
Ça marche ! 20:06

Jeanne
👍👍 20:07

Lire et comprendre

2 a **Lis le chat et corrige les phrases.** | Ups! Alle Informationen sind falsch. Lies den Chat (S. 18) und korrigiere die folgenden Sätze:

1. L'anniversaire d'Idriss, c'est dimanche.
2. Idriss est fan de théâtre et de foot.
3. Gabin fait un gâteau au chocolat pour Idriss.
4. Lili-Rose trouve qu'un maillot de foot, c'est une bonne idée.
5. Le frère de Jeanne a peut-être une idée pour un cadeau.

b **Comparez vos réponses de a.** | Vergleicht eure Antworten.

S'entraîner au dialogue

3 **Abdel a peut-être une idée ! Écoute, lis et répète.** | Hör zu und lies mit. Bei einer Lücke hörst du zu und sprichst nach.

Jeanne : On cherche un cadeau pour l'anniversaire d'Idriss. __ ?
Abdel : Vous faites un cadeau ensemble ?
Jeanne : Oui ! __ ?
Abdel : Idriss adore le foot.
Jeanne : C'est vrai, mais un maillot __ !
Abdel : Il aime aussi les BD.
Jeanne : Super ! __ !
Abdel : __ !

S'entraîner

4 **Apprends les nombres jusqu'à 100.** | Um über Preise zu sprechen, brauchst du die Zahlen bis 100. Die Zahlen findest du auf Seite 131. Hör zu und sprich nach. ►Nombres, p. 131

5 a **Écoute et note.** | Du hast eine Sprachnachricht mit einer geheimnisvollen Zahlenfolge erhalten. Hör dir die Zahlen an und schreibe sie auf.

b **Note.** | Schreibe dann die dazugehörigen Buchstaben auf. Wie lautet die Botschaft?

30	31	32	33	34	35	38	40	44	45	46	47
A	G	C	D	E	B	T	F	H	S	J	I

49	50	52	53	55	59	60	65	66	68	70	80	90	100
L	P	Q	V	Y	R	M	X	Z	W	N	O	U	K

c **À vous !** | Erfinde eine geheime Nachricht und diktiere sie deinem Partner / deiner Partnerin.

6 **Vous êtes à la Fnac. Qu'est-ce que vous achetez ? Faites des mini-dialogues.** | Ihr seid in der Fnac und sucht ein Geschenk. Was kauft ihr? Macht jeweils drei Vorschläge und einigt euch.

A : On pourrait acheter un jeu vidéo.
B : Ça coûte combien ?
A : 40 euros.
B : C'est trop cher ! / C'est nul. / D'accord !

Die Fnac hat viele Geschäfte überall in Frankreich. Man kann dort Bücher, Comics, Spiele, Videospiele und elektronische Geräte kaufen.

Écouter et comprendre

7 **Tu es dans un centre commercial. Ça coûte combien ? Écoute les annonces et note.** | Du bist in einem Einkaufszentrum. Was kosten die folgenden Dinge? Hör zu und ordne die Preise zu.

Achte **beim Hören** nur auf die Gegenstände und die Preise!

A 
B 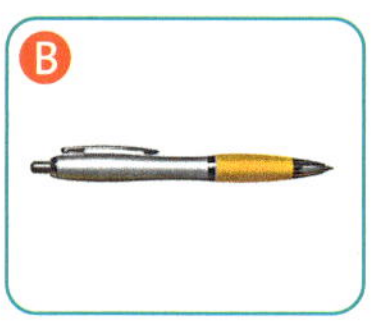
C 
D 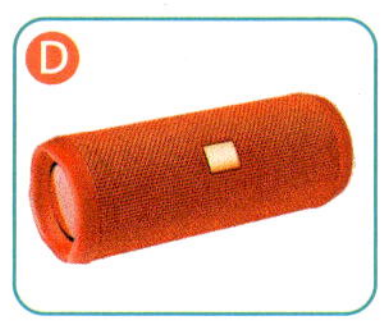
E 

90 € 8,50 € 2,80 € 1,70 € 40 €

Médiation

8 **Du bist mit deinem Vater in der Fnac in Frankreich. Ihr hört eine Ansage, aber dein Vater versteht kein Französisch. Hör dir die Ansage an und antworte auf seine Fragen.**

Bei einer Sprachmittlung sollst du nicht alles übersetzen. Teile nur das mit, was die andere Person wissen möchte.

1. „Ich möchte einen französischen Comic als Reiseandenken kaufen. Gibt es hier Comics zu kaufen?"
2. „Kann ich in diesem Laden auch ein gutes Buch über die Pariser Museen finden?"
3. „Warum wird mehrmals die Sängerin Clara Luciani erwähnt?"

Mini-tâche : Parler

9 a In dem Dialog (▶ 9b) sollst du Geschenkvorschläge machen. Sammle dafür zuerst Ideen: Welche Geschenke passen zu wem? Dann sortiere sie: Welche sind (zu) teuer?

- Sofia ♥ le sport.
- Bacary ♥ les livres.
- Youssef ♥ sa chambre.
- Bastien ♥ la musique.
- Amélie ♥ le camping.

1  un maillot de sport

2  un manga

3  un drone

4  une plante

5  un sac de couchage

6  un livre sur la nature

7  une guitare

8  un poster (de son joueur préféré)

9  une enceinte

10  des photos des copains

b **À vous ! Vous achetez un cadeau d'anniversaire pour un copain / une copine. Jouez le dialogue.** | Übt euren Dialog und spielt ihn vor. ▶ p. 111

> Lerne deine Sätze auswendig, dann kannst du sie beim Sprechen leichter abrufen und sprichst flüssiger.

A: Salut ! C'est quand, l'anniversaire de __ ?

B: Son anniversaire, c'est (vendredi) et il/elle fait une fête !

A: Qu'est-ce qu'on achète comme cadeau pour __ ?

B: Je ne sais pas. Tu as une idée ?

A: Il/Elle aime/adore (la musique).

B: On pourrait acheter (une enceinte).

A: Ça coûte combien ?

B: Ça coûte (65) euros.

A: (65) euros ?! C'est trop cher ! On pourrait acheter (un poster).

B: Je trouve que/qu'(un poster), c'est cool/sympa/super !

A: Et on pourrait aussi faire un gâteau ?

B: Ça marche ! / D'accord ! Tu fais le gâteau et moi, j'achète le cadeau, d'accord ?

A: Ça marche ! / D'accord ! À plus !

B: À plus !

c **Faites le dialogue encore une fois avec d'autres cadeaux.** | Sprecht den Dialog noch einmal und verwendet andere Geschenkvorschläge.

✓ Jetzt kannst du dich mit jemandem über ein Geschenk austauschen.

GH 1 ERKLÄRFILM

1 Das Verb *faire* → Du sagst, was du machst.

faire machen

Singular	je	**fais**
	tu	**fais**
	il / elle / on	**fait**
Plural	nous	**faisons**
	vous	**faites**
	ils / ils / elles	**font**

GH 2 ERKLÄRFILM

2 Das Verb *faire* und der zusammengezogene Artikel mit *de*

→ Du sprichst über Hobbys.

Je fais	**du** basket.
	de la musique.
	de l'escalade.
	des photos.

GH 3

3 Das Verb *acheter* → Du sagst, dass du etwas kaufst.

acheter kaufen

Singular	j'	achète
	tu	achètes
	il / elle / on	achète
Plural	nous	achetons
	vous	achetez
	ils / ils / elles	achètent

Lerne die wichtigsten Sätze der Unité 1.

▶ Expressions utiles, p. 163/3.1, p. 167/6.3

Partie A

1 **Chante la chanson des jours de la semaine.** | Singe das Lied der Wochentage.

Lundi, il y a des pâtes[1]. Mardi, il y a des pâtes. Mercredi, il y a des pâtes aussi !
Jeudi, il y a des pâtes. Vendredi, il y a des pâtes. Samedi, il y a des pâtes aussi !
Mais dimanche, nous mangeons[2]… des pâtes au saumon[3] !

1 les pâtes die Nudeln **2 nous mangeons** wir essen **3 le saumon** der Lachs

2 ***Être***, ***avoir*** **ou** ***faire*** **? Note les phrases.** | Wähle das richtige Verb aus und schreibe die Sätze auf.

► Verbes, p. 129–130

1. Jessica ? (est/fait) de l'escalade pendant les vacances.

2. Le week-end, j'/je ? (ai / fais) souvent du camping avec mes amis.

3. Félix ? (a/est) avec Mehdi. Ensemble, ils ? (sont/font) de la trottinette.

4. J'/Je ? (ai / suis) deux sœurs. Elles ? (font/ont) 7 ans.

5. Je ? (fais/suis) une salade pour la fête.

6. Hamza ? (fait/est) de la musique avec sa sœur.

3 a **Complète.** | Setze die richtigen Fragewörter ein.

1. Tu habites ? ?
2. C'est ?, ton anniversaire ?
3. ? tu as un animal ?
4. ? s'appelle ta mère ?
5. ? est ta/ton prof d'allemand ?
6. ? tu détestes ?

Comment ? (Wie?) | Où ? (Wo?) | Est-ce que ? | Quand ? (Wann?) | Qui ? (Wer?) | Qu'est-ce que ? (Was?)

b **Faites des mini-dialogues.** | Stellt euch gegenseitig die Fragen aus **a** und antwortet.

4 **Pourquoi ? Posez des questions et répondez.** | Stellt euch abwechselnd Fragen und antwortet mit den passenden Begründungen.

A

Tes questions pour B :
Pourquoi tu fais du basket et du foot ?
Pourquoi ta famille, c'est un peu compliqué ?
Pourquoi tu fais une fête samedi ?
Pourquoi tu es souvent dans ta chambre ?

Tes réponses à B :
Parce que j'adore la musique.
Parce que c'est l'anniversaire de ma mère.
Parce que j'aime les animaux.
Parce que c'est mon joueur préféré.

B

Tes questions pour A :
Pourquoi tu as un chien ?
Pourquoi tu fais de la guitare ?
Pourquoi tu as un poster de Mbappé dans ta chambre ?
Pourquoi tu fais un gâteau au chocolat ?

Tes réponses à A :
Parce que c'est mon endroit préféré.
Parce que je suis fan de sport.
Parce que mes parents sont séparés.
Parce que c'est mon anniversaire.

Partie B

5 **Devine le nombre !** | A denkt sich eine Zahl (1–100) aus. B nennt Zahlen, um die Zahl von A zu erraten. A sagt bei jeder von B genannten Zahl entweder *Plus !* (Mehr!) oder *Moins !* (Weniger!), bis B die Zahl erraten hat.

6 a **Écoute et complète.** | Hör zu und schreibe die Wörter in die richtige Spalte.

[ɑ̃] wie in „ensemble"	[ɔ̃] wie in „bonjour"	[ɛ̃] wie in „lapin"

vendredi • invitation • salon • lundi • septembre • vêtements • combien • janvier • dimanche • combien • invitation

b **Écoute et répète.** | Hör zu, sprich nach und überprüfe deine Antworten aus a.

7 **Écoute et répète les virelangues.** | Hör zu und sprich die Zungenbrecher mehrmals nach.

Lily lit le livre dans le lit.

La tortue fait de la muscu dans la rue.

Je suis dans la cuisine avec huit fruits.

Vocabulaire : L'année et la date

ERKLÄRFILM

1 **Regarde la vidéo et écoute. Puis, répète.** | Sieh dir das Video an und hör zu. Sieh dir dann die Karaokeversion des Films an und sprich nach.

2 a **Oups ! Les voyelles ont disparu ! Retrouve les mots.** | Ups! Die Vokale sind verschwunden. Finde die Wochentage wieder und bringe sie in die richtige Reihenfolge.

1. v n d r d
2. l n d
3. j d
4. d m n c h
5. m r d
6. s m d
7. m r c r d

b **Sagt abwechselnd einen Wochentag. Dein Partner / Deine Partnerin wiederholt ihn und nennt die beiden darauffolgenden Wochentage.**

Exemple : **A :** mercredi **B :** mercredi, jeudi, vendredi

3 a **Die Monatsnamen kommen aus dem Lateinischen und sind in vielen Sprachen ähnlich. Lies die Monatsnamen und sage, wie sie auf Französisch heißen.**

mart	április	janeiro	juni
октябрь	augustus	diciembre	Νοέμβριος
maj	iulie	febbraio	September

b **C'est quand, leur anniversaire ? Dites la date.** | Sagt abwechselnd das Geburtsdatum.

Exemple : 24/03 → L'anniversaire d'Amel, c'est le 24 mars.

1 
Amel – 24/03

2 
Noham – 28/08

3 
Chouquette – 01/02

4 
Timéo – 15/07

5 
Adam – 25/12

Hier erfährst du mehr über die fünf Freunde/Freundinnen.

1 **C'est quoi, le cadeau des copains et copines ? Regarde la vidéo et réponds.** | Sieh dir das Video an und antworte.

Bilder erleichtern oft das Verstehen. So kannst du in Filmen auch unbekannte Wörter oder schnell gesprochene Sätze verstehen. Probiere es aus!

Feiert ihr ähnlich oder anders Geburtstag? Seht euch das Video noch einmal an und tauscht euch aus.

#L'anniversaire

2 **Qu'est-ce qui se passe à la fin ?** | Was schlägt Gabin am Ende des Films vor? Ist Idriss einverstanden?

3 **Chantez « Joyeux anniversaire ! »** | Singt das Lied auf Französisch und in allen Sprachen, die ihr kennt.

4 **Qu'est-ce que les amis/amies font ?** | Sieh dir ein weiteres Video an und schreibe auf, was die Freunde und Freundinnen machen und was sie mögen.

la danse • les mangas • le théâtre • les arts martiaux • les BD • le basket • la guitare • dessiner • le piano • le foot • l'escalade • le rap • la musique

#Qu'est-ce que vous faites ?

5 a **À la recherche d'un cadeau.** | Hier unten stehen Geschenkideen für die Freunde und Freundinnen. Finde in einem Online-Wörterbuch heraus, was sie bedeuten. ▶ Méthodes, p. 125

un billet pour un concert | un survêtement | une gourde | des feutres | un billet pour une pièce de théâtre

b **Quel cadeau de a correspond à qui ? Discutez.** | Diskutiert anhand eurer Notizen (▶ 4), welches Geschenk aus a jeweils zu Lili-Rose, Jeanne, Gabin, Idriss und Noé passen könnte.

Le gâteau au chocolat

RECETTE

1

Faire fondre le beurre et le chocolat.

2

Ajouter 250 g de sucre glace.

3

Ajouter les œufs, puis mélanger.

4

Ajouter la farine, puis mélanger.

5

Verser le mélange dans un moule et mettre au four pendant 25 minutes à 200 °C.

Il faut :

250 g de beurre 

250 g de chocolat noir 

250 g de sucre glace 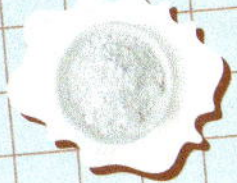

6 œufs 

50 g de farine 

un peu de beurre pour le moule 

Four : 200 °C

Cuisson : 25 minutes

1 Du möchtest mit deinem Vater diesen Schokoladenkuchen backen. Was braucht ihr? In welcher Menge? Wie geht ihr vor? Erkläre deinem Vater das Rezept auf Deutsch.

On cherche des corres !

1 **Avant la lecture** | Um Lebewesen oder Dinge zu beschreiben, verwendest du Adjektive. Finde in einem Online-Wörterbuch die Bedeutung der folgenden Adjektive und beschreibe mit ihnen die beiden Hunde. Dann schreibe alle Gegensatzpaare in dein Heft.

Lerne Wörter vernetzt, z. B. als Paare. Dann merkst du sie dir besser. Probiere es gleich aus!

Pépite

petit | noir | moche | triste

blanc | joli | drôle | grand

Rex

Salut !

Je m'appelle Gabriel, j'ai quatorze ans et je cherche un ou une corres en Allemagne. J'habite à Vincennes, près de Paris, et je suis en quatrième B au collège Françoise Giroud. Je parle français, anglais et un peu allemand.

FAMILLE : J'habite avec mes parents et mon frère Jacob. Jacob est petit : il a 4 ans. Il est chou mais il m'énerve un peu. J'ai aussi une demi-sœur, Yaël. Elle a 23 ans et elle habite à Lyon avec sa copine. Quand elle est ici, on rigole bien. Elle est sympa et très drôle. Et j'ai un chien, Zéro. J'ai des allergies (avec les chats, c'est la cata !) mais avec Zéro, ça va !

SPORT : Je suis sportif : je fais du basket dans un club. Et le week-end, je fais du tennis avec ma grand-mère. Elle est très sportive aussi !

MUSIQUE : Je voudrais faire de la guitare (j'adore !) mais je n'ai pas le temps. Mon chanteur préféré, c'est M. Pokora.

REPAS : Je suis végétarien parce que j'aime les animaux. Et je déteste la pizza !

LOOK : Je suis grand. Je porte des lunettes, elles sont vertes. Et en plus, j'ai un appareil dentaire depuis un mois. C'est un peu moche.

CARACTÈRE : Je suis un peu timide mais j'aime rigoler. Et j'adore les vacances !

MA FÊTE PRÉFÉRÉE : J'adore les fêtes. Avec ma famille, on fait toujours la fête des cabanes.

Et toi ? Raconte : tu es comment ? À plus, Gabriel

DELF

2 **Lis l'annonce et trouve les bons dessins.** | Lies die Anzeige und finde die richtigen Bilder. Was mag Gabriel? ► p. 111

A 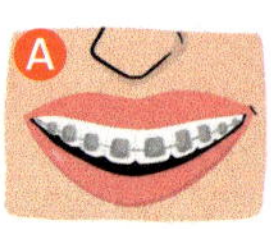
B 
C 
D 
E 
F 
G 

3

Qu'est-ce que tu dis quand... ? Posez des questions et répondez. | Was sagst du in diesen Situationen? Stellt euch gegenseitig Fragen und antwortet.

Exemple : – Qu'est-ce que tu dis[1] quand tu fais de l'escalade avec un ami / une amie ?
– Tu dis : « Je compte sur toi. »

1 tu dis du sagst

Qu'est-ce que tu dis...
1. ... quand tu fais de l'escalade avec ton ami/amie ?
2. ... quand tu es végétarien/végétarienne ?
3. ... quand tu fais tes devoirs et une copine appelle ?
4. ... quand ta grand-mère fait du foot et du tennis ?
5. ... quand ton ami/amie porte un appareil dentaire ?
6. ... quand ton ami/amie aime rigoler ?
7. ... quand ton/ta corres arrive chez toi ?

Tu dis...
a. « J'adore la salade. »
b. « Tu es très drôle. »
c. « Mais non, ce n'est pas moche ! »
d. « Super ! Tu es sportive ! »
e. « Zut, je n'ai pas le temps. »
f. « Bienvenue ! »
g. « Je compte sur toi. »

4

a **Hört zu und lest die Sätze. Was fällt euch bei dem Adjektiv *petit* auf?**

1. Mon cousin est petit.
2. Ma cousine est petite.
3. Mes cousins sont petits.
4. Mes cousines sont petites.

b **Übersetzt die Sätze von a ins Deutsche und in andere Sprachen, die ihr kennt. Vergleicht.**

ERKLÄRFILM

c **Dana présente sa famille et sa chambre.** | Dana stellt ihre Familie und ihr Zimmer vor. Ergänze ihren Text mit den Adjektiven in der passenden Form. Es gibt mehrere Antwortmöglichkeiten.

petit/petite • grand/grande • végétarien(s)/végétarienne(s) • moche • timide • blanc(s)/blanche(s) • rouge • vert/verte

1. J'ai un frère et deux sœurs, ma famille est ?.
2. Ma mère est très ? et mon père est ?.

3. Mes sœurs sont ?. Elles aiment la salade.
4. Mon frère est ? aussi et il est un peu ?.

5. Je n'aime pas ma chambre, elle est ? et ?.
6. Mon bureau est ?, mon lit est ? et les murs sont ?.

DELF

5

Écris une annonce. | Schreibe eine Anzeige, um eine/-n Austauschpartner/-in in Frankreich zu finden und stelle dich vor. Verwende Gabriels Brief als Vorlage. ► Banque de mots, p. 139

Unité 2

Au collège

Nach dieser Unité kannst du:

☑ dich mit jemandem über deinen Schultag unterhalten.

☑ einen Kommentar über deine Schule schreiben.

Dafür lernst du:

- deinen Stundenplan zu beschreiben.
- über Personen und Orte in deiner Schule zu sprechen.
- zu sagen, was du an deiner Schule gut oder schlecht findest.

Schüler/-innen in Frankreich haben Ganztagsunterricht. Nur mittwochs endet ihr Schultag bereits um 12 Uhr. Viele nutzen den Mittwochnachmittag für Freizeitaktivitäten. Wie ist das bei euch?

In den **permanence**-Stunden beaufsichtigen die **surveillants/ surveillantes** die Schüler/-innen bei den Hausaufgaben. Gibt es an eurer Schule etwas Vergleichbares?

1 a Jeanne parle de son collège. Écoute et montre les endroits. | Hör zu und zeige die Orte im Bild.

b Écoute et répète. | Hör zu und sprich die Wörter nach.

2 Vergleicht das französische *collège* mit eurer Schule. Was ist ähnlich, was ist anders?

3 Écoute les cinq dialogues et regarde le dessin. C'est où ?

Le numéro 1, c'est…

dans une salle de classe. | dans la salle de permanence. | dans le CDI. | dans le gymnase. | dans la cour.

Votre emploi du temps est super !

Stratégie Préparer le visionnage

1 a **Comment s'appellent ces matières ?** | Diese Schulfächer kennt ihr schon. Wie heißen sie?

b **Qu'est-ce que c'est ?** | Was sind das für Schulfächer? Nutzt andere Sprachen, um die Wörter zu erschließen.

1 maths | 2 sciences physiques | 3 histoire-géo | 4 technologie | 5 arts plastiques | 6 latin

In Frankreich werden manche Fächer abgekürzt:
EPS = Sport
SVT = Biologie/Geologie
Verwendet ihr auch Abkürzungen?

c **Vergleicht: Welche Schulfächer gibt es in Deutschland (so) nicht?**

Im Video kommen verschiedene Schulfächer vor. Lerne sie, bevor du es dir ansiehst. ▶ Liste des mots, p. 141

Regarder et comprendre ▷

2 a **Regarde la vidéo et réponds.** | Sieh dir das ganze Video an und antworte: Wer ist zu sehen? Wo sind die Jugendlichen? Worüber sprechen sie?

In diesem Video wird viel gesprochen. Sieh es dir erst einmal nur zur Orientierung an: Worum geht es?

b **Regarde encore une fois et réponds.** | Lies dir zuerst die Sätze durch. Sieh dir dann das Video noch einmal an und antworte.

1. Pia et Lili-Rose sont des…
   A amies. B corres. C demi-sœurs.
2. Pia habite… A en France. B en Allemagne.
3. Lili-Rose et Gabin parlent de l'emploi du temps.
   A Ils sont d'accord. B Ils ne sont pas d'accord.
4. Un copain n'est pas là. C'est qui ?
5. Gabin a cours de…

6. Les profs de Gabin et Idriss sont…

7. Les profs de Lili-Rose et Jeanne sont…

Lire et comprendre

3 a **Lis le journal de Jeanne.** | Jeanne schreibt abends in ihr Tagebuch. Lies ihren Text: Was erkennst du aus dem Video wieder? Was ist neu für dich?

Aujourd'hui, ça va parce qu'on est jeudi et le jeudi, c'est ma journée préférée. Nous terminons à quatre heures et nous avons français, EPS, arts plastiques (c'est ma matière préférée !) et sciences physiques avec Madame Dumas. J'adore les cours de sciences physiques. Mais je trouve que notre emploi du temps n'est pas cool. Nous commençons toujours à huit heures, c'est nul ! Gabin, Idriss et Noé sont ensemble en 4ᵉ B et ils ont de la chance : leur emploi du temps est super parce qu'ils commencent à neuf heures le mardi et le jeudi.

En plus, leurs profs sont sympa. Nos profs ne sont pas drôles… Par exemple, Madame Meunier (notre prof de maths) n'explique pas bien. Et elle est un peu bizarre. Pourquoi est-ce que j'ai Madame Meunier comme prof ?! Alors ma journée cauchemar, c'est le lundi parce que le lundi, nous avons histoire-géo et deux heures de maths. En plus, on termine à cinq heures !

b **Vrai ou faux ?** | Richtig oder falsch? Lies Jeannes Tagebuch noch einmal und antworte. Korrigiere die falschen Aussagen. ▶ p. 112

DELF

1. Jeanne adore le jeudi.
2. La matière préférée de Jeanne, c'est l'EPS.
3. Jeanne trouve que son emploi du temps est super.
4. La 4ᵉ B commence toujours à neuf heures.
5. Jeanne aime ses profs.
6. Avec la prof de maths, c'est un peu compliqué.
7. Jeanne déteste le lundi.

S'entraîner au dialogue

4 a **Écoute et répète.** | Hör zu und trainiere mit der Rückwärtskette.

Quand est-ce que tu termines le lundi ?

Comment est-ce que tu trouves ton emploi du temps ?

Le mardi, c'est ta journée cauchemar ?

b **Posez des questions et répondez.** | Geht in der Klasse umher. Stellt euch die Fragen aus a und antwortet.

- Le lundi, je termine à __ heures.
- Mon emploi du temps est super/nul parce que je commence/termine souvent à __ heures.
- Oui, c'est ma journée cauchemar ! / Non, c'est ma journée préférée. / Non, ma journée cauchemar, c'est le __.

Découvrir Les déterminants possessifs au pluriel

5 a Um über euren Schulalltag zu sprechen, müsst ihr wissen, wie man „unser/unsere“ auf Französisch sagt. Lest die Beispiele. Wann benutzt man *notre*, wann *nos*?

Notre emploi du temps n'est pas cool.

Voilà **nos** profs. Ils ne sont pas drôles.

b Idriss parle du collège à Pia. Retrouve ses phrases. | Finde Idriss' Sätze wieder. Es gibt mehrere Möglichkeiten.

Voilà		profs.
À côté de l'entrée, il y a		emploi du temps !
Là, ce sont		amis ?
Là, c'est	notre	prof de maths.
À côté du CDI, il y a	nos	cour.
Voilà Monsieur Berger, c'est		cantine.
J'adore		gymnase.
Où sont		surveillantes.

S'entraîner

6 a Choisis le bon déterminant. | Lies die Anzeige. Welcher Possessivbegleiter passt?
► Grammaire, p. 38/2 ► p. 112

Salut ! Nous sommes les élèves de la 4e C du collège Marie Curie à Étampes, près de Paris. On cherche des corres en Allemagne ! Dans notre/nos classe, il y a 27 élèves : 15 filles et 12 garçons. Notre/Nos profs sont sympa. Avec notre/votre prof d'allemand, on rigole bien. On n'aime pas notre/nos cantine, mais le jeudi, c'est bien parce qu'il y a souvent des pizzas. Notre/Nos emploi du temps est super. Nous avons de la chance ! Et vous, votre/vos collège est comment ? Est-ce que votre/vos profs expliquent bien ? Est-ce qu'il y a un club de musique dans notre/votre collège ? Quand est-ce que votre/vos cours commencent ? À plus !

b Qu'est-ce que les élèves de la 4e C aiment ♥ ? Qu'est-ce qu'ils n'aiment pas ♥ ? Note.

leurs profs • leur prof d'allemand • leur cantine • leur emploi du temps

Mini-tâche : Parler

7 a Vous êtes dans la cour de votre collège. Jouez la scène. | Ihr seid auf dem Schulhof. Ihr unterhaltet euch über euren Stundenplan. Spielt die Szene. ▶ p. 113

Korrekt und flüssig sprechen

1. Lies dir jeden Satz mehrmals laut vor und präge dir dabei das Symbol ein.
2. Lege ein Symbol (▶ Carnet d'activités) auf den Tisch. Sage den passenden Satz.
3. Prüfe, ob er richtig war. Dann geht es weiter mit dem nächsten Symbol.

A: Salut !

B: Salut ! Ça va ?

A: Bof.
Le (lundi), c'est ma journée cauchemar !

B: C'est vrai ? Pourquoi est-ce que c'est ta journée cauchemar ?

A: Parce que j'ai (maths), (allemand) et (anglais). C'est nul. / C'est la cata. / Je n'aime pas le (lundi).
Et toi ?

B: Moi, le (lundi), c'est ma journée préférée !
J'ai (arts plastiques), (histoire-géo) et (SVT).
C'est cool/super !
J'aime le (lundi) !

A: Ah, d'accord ! C'est cool/super !
Comment est-ce que tu trouves votre emploi du temps ?

B: Notre emploi du temps est cool/super !
On termine à (treize) heures le (vendredi).
On a de la chance.
Et toi ?

A: Notre emploi du temps n'est pas cool.
On termine souvent/toujours à (seize) heures. C'est nul ! / C'est la cata !
Je n'aime pas notre emploi du temps.

B: Ah bon ? / C'est vrai ? / Moi aussi, je trouve que c'est nul ! Ah, ça sonne. À plus !

A: À plus !

b Échangez les rôles et jouez la scène encore une fois. | Tauscht die Rollen und spielt die Szene noch einmal.

Weitere Bezeichnungen für Schulfächer findest du auf S. 142.

✅ Jetzt kannst du dich mit jemandem über deinen Schultag unterhalten.

Donnez votre avis sur le collège.

Überfliegt die Seite: Um was für Texte handelt es sich? Wo stehen sie und an wen könnten sie sich richten?

1 On a de la chance parce qu'il y a beaucoup de clubs !

2 À mon avis, on ne regarde pas assez de vidéos en cours. Et on n'a pas assez de tablettes dans notre collège.

3 Je trouve qu'il y a trop d'élèves dans les classes. Il y a trop de bruit. En plus, nos profs donnent trop de devoirs.

4 J'adore les BD ! Le CDI, c'est mon endroit préféré !

5 Depuis un mois, il y a un ascenseur. Super !

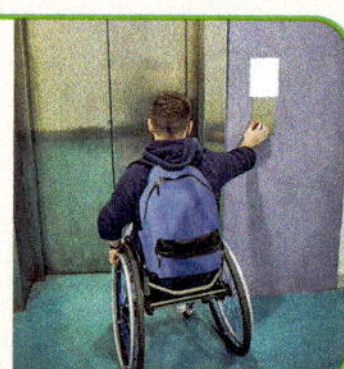

6 Il n'y a pas assez de récréations.

7 J'ai souvent basket le samedi et le dimanche. Alors je suis contre les devoirs le week-end !

8 Il n'y a pas de club de musique dans notre collège. C'est dommage !

9 Je pense que le club de drones est super !

10 Avec le gâchimètre, on ne gaspille pas de pain. C'est cool !

11 Je voudrais un terrain de foot dans la cour. 😊

12 Moi aussi, je suis pour !

Lire et comprendre

DELF **1 a** **Lis les commentaires et complète le tableau.** | Lies die Kommentare. Ordne sie in einer Tabelle: Welche sind positiv? Welche negativ?

😊	☹️
beaucoup de clubs	*trop d'élèves dans les classes*

b **Sollte es in eurer Schule auch ein *gâchimètre* geben? Wofür? Diskutiert.**

S'entraîner au dialogue

2 **À vous ! Vous êtes pour ou contre ? Faites des mini-dialogues.**

les devoirs le week-end • les tablettes en cours • un club de (maths) • un terrain de (foot) dans la cour • beaucoup de plantes • des vidéos en cours

Je suis contre les devoirs le week-end. Et toi ?

Moi aussi, je suis contre.

Moi, je suis pour !

Découvrir – Les adverbes de quantité avec *de*

3 **Finde im Text, S. 36, wie man das auf Französisch sagt, und vergleiche mit dem Deutschen.**

1. Es gibt viele AGs.
2. In den Klassen sind zu viele Schüler.
3. Wir verschwenden kein Brot.
4. Wir schauen nicht genug Videos.
5. Unsere Lehrer/-innen geben zu viele Hausaufgaben auf.

S'entraîner

4 **C'est comment dans votre collège ? Jouez.** | Spielt Kofferpacken. ► Grammaire, p. 38/3

Exemple : **A :** Dans notre collège, on **n'**a **pas de** terrain de basket. **B :** Dans notre collège, …

ne… pas de • beaucoup de • ne… pas assez de • trop de

devoirs • tablettes • club de musique • club de sport • profs • élèves dans les classes • terrain de basket • __

Mini-tâche : Écrire

5 **À toi !** | Schreibe fünf Kommentare wie auf S. 36. ► Banque de mots, p. 145 ► p. 114

Sagen, was es gibt und wovon es viel oder zu viel gibt	Il y a	• un/une/des • beaucoup de/d' • trop de/d'	bruit / élèves dans les classes / devoirs / club(s) / plantes / matières / heures de (SVT) / profs / ordinateurs / CDI / __.
Sagen, wovon es nichts oder nicht genug gibt	• Il n'y a • Nous n'avons • On n'a	pas de/d'	club de (musique) / CDI / cantine / ascenseur / gâchimètre / __.
		pas assez de/d'	toilettes / ordinateurs dans les salles / heures de (maths) / profs / plantes / __.
Deine Meinung äußern	• C'est dommage ! / C'est nul ! / C'est bizarre ! / Ce n'est pas cool ! / Je déteste ! • C'est super ! / C'est cool ! / C'est drôle ! / J'adore ! / On a de la chance ! • Je suis pour/contre les devoirs le week-end / les vidéos en cours / __.		
Wünsche äußern	Je voudrais un terrain de (foot) dans la cour / une cantine / __.		

✓ Jetzt kannst du einen Kommentar über deine Schule schreiben.

GH 7 1 Die Frage mit Fragewort und *est-ce que* → Du fragst nach etwas.

Quand	est-ce que	tu travailles ?	Wann?
Où	est-ce que	tu travailles ?	Wo?
Pourquoi	est-ce que	tu travailles ?	Warum?
Comment	est-ce que	tu travailles ?	Wie?

GH 6 2 Die Possessivbegleiter im Plural → Du sagst, dass etwas oder jemand zu jemandem gehört.

ERKLÄRFILM

Bei Nomen im Singular (Einzahl)

notre livre	**notre** classe	unser/unsere
votre livre	**votre** classe	euer/eure
leur livre	**leur** classe	ihr/ihre

Bei Nomen im Plural (Mehrzahl)

nos stylos	**nos** trousses	unsere
vos stylos	**vos** trousses	eure
leurs stylos	**leurs** trousses	ihre

Du kennst schon *mon* (mein), *ton* (dein), *son* (sein/ihr).

GH 9 3 Die Mengenangaben mit *de* → Du gibst Mengen an.

ERKLÄRFILM

On		a	**beaucoup de**	devoirs.	viele
On		a	**trop de**	devoirs.	zu viele
On	**n'**	a	**pas assez de**	devoirs.	nicht genug
On	**n'**	a	**pas de**	devoirs.	keine

Lerne die wichtigsten Sätze der Unité 2. ► Expressions utiles, p. 162/2

Partie A

1 **Vos corres français sont là !** | Macht ein Rollenspiel. Stellt euch gegenseitig die Fragen der Austauschschüler/Austauschschülerinnen und antwortet mit dem passenden Satz. Verwendet *votre/vos* (1. – 6.) und *notre/nos* (a. – f.). ▶ Grammaire, p. 38/2

1. **Votre** prof d'allemand s'appelle comment ?
2. **Vos** profs sont sympa ?
3. Est-ce que ? bibliothèque est grande ?
4. Où est-ce que vous faites ? devoirs ?
5. Où est ? cantine ?
6. Est-ce qu'il y a une boulangerie dans ? quartier ?

a. Non, ? bibliothèque est petite.
b. Oui, il y a une boulangerie à côté de ? collège !
c. **Notre** prof d'allemand s'appelle M. Ali.
d. Nous faisons ? devoirs au collège.
e. ? cantine est devant le gymnase.
f. Non, **nos** profs ne sont pas sympa.

2 **Voilà la 4e C du collège Picasso. Complète avec *leur/leurs*.** | Ergänze mit *leur/leurs*.
▶ Grammaire, p. 38/2

1 

2 

1. Voilà les élèves de la 4e C et ? profs.
2. ? prof de français est cool et ? surveillants sont super.
3. ? collège est grand.
4. Mais ? salles de classe sont petites.
5. ? cours de maths sont sympa.

3 **a** **Regarde la vidéo de Marine et Léo et réponds aux questions.**

1. Léo et Marine parlent de… (A) leurs profs. (B) leur emploi du temps. (C) leur cantine.
2. Ils font ensemble les devoirs de/d'… (A) latin. (B) SVT. (C) anglais.
3. Quand est-ce qu'ils ont rendez-vous[1] ? (A) mercredi (B) jeudi (C) dimanche
4. À quelle heure ? (A) à 13 heures (B) à 15 heures (C) à 16 heures

1 **avoir rendez-vous** verabredet sein

b **Lundi ou le lundi ? Faites des jeux de rôle.** | Macht Rollenspiele mithilfe des Modells unten. Ersetzt die Wochentage, die Uhrzeiten und die Begründungen.

A	B
On fait les devoirs ensemble lundi à dix heures ? →	Ah non, le lundi à dix heures, j'ai sciences physiques.
Alors jeudi à seize heures ? →	Ah non, le jeudi à seize heures, j'ai musique.
Alors vendredi à quinze heures ? →	Oui, le vendredi à quinze heures, j'ai permanence !

4 **Posez des questions et répondez.** | Schreibt zuerst mindestens acht Fragen auf. Es gibt mehrere Möglichkeiten. Stellt euch dann die Fragen und antwortet. ▶ Grammaire, p. 38/1

Comment Wie		tu rentres après le collège : en bus ou à pied ?
		tu habites ?
Quand Wann		tu as ton cours d'allemand ?
	est-ce que	tu es pour/contre les devoirs le week-end ?
Où Wo		tu termines les cours le jeudi ?
		tu fais tes devoirs ?
Pourquoi Warum		tu commences les cours le lundi ?
		tu aimes le vendredi ?

Je rentre __.
J'habite __.
J'ai __.
Je suis __ parce que __.
Je termine __.
Je fais __.
Je commence __.
J'aime __ parce que __.

Partie B

5 **Pour ou contre ?** | Macht abwechselnd Vorschläge und reagiert.

1. On pourrait faire une pizza au chocolat ?
2. On fait de l'escalade après les devoirs ?
3. On pourrait ranger ma chambre ?
4. On fait les devoirs d'anglais ensemble ?
5. On fait du camping samedi ?
6. Il y a la fête du collège en juin. On invite nos profs ?

Ah non ! Je suis contre (parce que __).

Ah oui ! Je suis pour (parce que __).

Je ne sais pas…

D'accord !

6 **Écoute et note.** | Die Schüler/-innen sagen ihre Meinung über ihr *collège*. Was fehlt ihnen? Wovon gibt es zu viel oder nicht genug? Hör zu und mache dir Notizen.

Il y a beaucoup de/d'…	Il y a trop de/d'…	Il n'y a pas assez de/d'…

7 **a** **Dans la rue.** | Beschreibe in mindestens sechs Sätzen diese Straßenszene in Paris.

Il y a…
beaucoup de
trop de
Il n'y a…
pas de
pas assez de

piscine
magasins
boulangeries
cafés
chiens
restaurants
cinéma
vélos[1]

1 **le vélo** das Fahrrad

b **À toi !** | Beschreibe deine Stadt, dein Dorf oder dein Viertel. Sage auch, wie du sie/es findest.
▶ Expressions utiles, p. 166/6.1

Vocabulaire : Mon emploi du temps

Lerne deine Vokabeln regelmäßig und lieber täglich ein paar Minuten als selten ganz viele.

4ᵉC	LUNDI	MARDI	MERCREDI	JEUDI	VENDREDI
8h – 8h55	histoire-géo	maths	sciences physiques	français	français
9h – 9h55	allemand	maths	histoire-géo	allemand	français
9h55 – 10h15	récréation	récréation	récréation	récréation	récréation
10h15 – 11h10	anglais		anglais	histoire-géo	permanence
11h15 – 12h10	français		maths	latin	allemand
12h10 – 13h	cantine	cantine	cantine	cantine	cantine
13h – 13h55	permanence	permanence		permanence	permanence
14h – 14h55	EPS	technologie		anglais	arts plastiques
15h – 15h55	EPS	allemand		musique	maths
16h – 16h55		EPS			

ERKLÄRFILM

1 **Regarde la vidéo et écoute. Puis, répète.** | Sieh dir das Video an und hör zu. Sieh dir dann die Karaokeversion des Films an und sprich nach.

2 **Oups ! Les voyelles ont disparu ! Retrouve les mots.** | Ups! Die Vokale sind verschwunden! Finde die Wörter wieder. Tipp: Sie stehen alle oben im Stundenplan!

1. m t h s
2. n g l s
3. c n t n
4. h s t r - g
5. l l m n d
6. p r m n n c
7. t c h n l g
8. m s q
9. r t s p l s t q s

3 a **Écoute et chante.** | Hör dir den Rap an. Dann sing mit.

b **Sprecht den Rap zu zweit. A beginnt mit der ersten Zeile, B liest die zweite Zeile usw.**

On a cours
tous les jours[1]. *(3 x)*
SVT et arts plastiques,
EPS, maths et physique,
allemand, français,
anglais, musique,
histoire-géo et aussi techno.
On a cours tous les jours.
Moi, j'adore l'allemand !
On a cours tous les jours.
Et ton emploi du temps ?

1 **tous les jours** jeden Tag

4 **Écris ton emploi du temps en français.** | Schreibe deinen Stundenplan auf Französisch in dein Arbeitsheft. ▶ Banque de mots, p. 142

Hier erfährst du mehr über den Schulalltag der fünf Freunde/Freundinnen.

1 **Regarde les trois scènes et réponds.** | Sieh dir das Video an und antworte jeweils für alle drei Szenen.

1. C'est où ?
   - A dans la cour
   - B dans l'escalier[1]/dans le couloir[2]
   - C dans la salle de classe
   - D devant la salle de classe

   1 **un escalier** eine Treppe 2 **le couloir** der Flur

2. Qui joue dans les scènes ?

   Pia | Noé | Lili-Rose | Jeanne | Gabin | Idriss

2 **Regarde encore une fois et retrouve l'ordre des titres.** | Bringe jetzt die Titel der Szenen in die richtige Reihenfolge. Ein Titel bleibt übrig.

A Range ton sandwich ! | B Dans le gymnase | C Ils ont cours de techno ?! | D Mon livre de français

3 **Regarde la vidéo encore une fois. Qui fait quoi ?** | Sieh dir das Video noch einmal an. Wer macht was? Ordne zu.

Lili-Rose | Noé | Pia | Jeanne

1. Wer versteht ein Wort nicht?
2. Wer weiß nicht, welches Fach er/sie jetzt hat?
3. Wer teilt sein/ihr Französischbuch?
4. Wer tut beinahe etwas Verbotenes?
5. Wer erklärt die Schulregeln?

4 a **Am französischen *collège* sind viele Dinge anders als in Deutschland. Seht euch das Video noch einmal an und sammelt alles, was euch auffällt, in einer Tabelle.**

Personen, die an der Schule arbeiten	Fächer, Unterrichtszeiten	Essen, Kantine, Pausenbrot	Weitere Aspekte

b **Was würdet ihr französischen Austauschschülern/Austauschschülerinnen erklären, damit sie an eurer Schule gut zurechtkommen? Sammelt eure Punkte. Dann versucht, sie auf Französisch zu formulieren.** ► Méthodes, p. 127

AU COLLÈGE PAUL VALÉRY

Le CPE

1

SA MISSION : Les papiers et les problèmes ! Par exemple : Tu es en retard ? Va chez le CPE pour avoir un billet de retard. Tu as un problème avec un/une élève ? Allez ensemble chez le CPE, il a toujours une solution !
SON ENDROIT PRÉFÉRÉ : Son bureau !
SON POINT FAIBLE : Il est sévère, mais il aime aussi rigoler.

La principale

SA MISSION : Elle organise la vie du collège et fait les emplois du temps.
SON ENDROIT PRÉFÉRÉ : Le couloir entre son bureau et la salle des profs.
SON POINT FAIBLE : Elle est toujours pressée.

2

3

Le documentaliste

SA MISSION : Ranger les livres et les BD, chercher des informations… Il est très sympa, alors les élèves adorent le CDI pour préparer des exposés !
SON ENDROIT PRÉFÉRÉ : Le CDI, bien sûr, parce qu'il adore les livres.
SON POINT FAIBLE : Devant ses BD, il oublie tout !

La surveillante

SA MISSION : Elle surveille les élèves pendant la récréation, dans la salle de permanence et à la cantine… Attention, elle surveille même les toilettes !
SON ENDROIT PRÉFÉRÉ : Elle est partout, c'est un problème !
SON POINT FAIBLE : Son mot préféré, c'est « chut ! » mais elle parle beaucoup !

4

le/la CPE (= le conseiller principal / la conseillère principale d'éducation) der/die Beauftragte für Verwaltung und Disziplin
le principal / la principale der/die Schulleiter/-in **le/la documentaliste** der/die Bibliothekar/-in

MK

1 a Hier werden wichtige Personen des *collège* vorgestellt. Wähle eine aus. Lies die Beschreibung und mache dir Notizen. Du kannst ein (Online-)Wörterbuch verwenden. ▶ Méthodes, p. 125

Du musst nicht jedes Wort nachschlagen, um den Text zu verstehen.

b Bildet Experten-/Expertinnengruppen und stellt „eure" Personen auf Deutsch vor.

FR DE

Il est quelle heure ?

1 a **Écoute, lis et compare.** | Hör zu, lies mit und vergleiche.
Was fällt dir auf?

français	espagnol	anglais	allemand
heure	hora	hour	Stunde
minute	minuto	minute	Minute
seconde	segundo	second	Sekunde
minuit	medianoche	midnight	Mitternacht
midi	mediodía	midday	Mittag

b **Wie sagt man diese Wörter in anderen Sprachen, die ihr kennt? Tauscht euch aus.**

2 a **Écoute et répète.** | Hör dir die Uhrzeiten an. Beim zweiten Hören sprichst du leise mit.

b **Il est quelle heure ?** | Du hörst jetzt die Uhrzeiten von oben noch einmal, aber durcheinander. Schreibe die Buchstaben von oben in der richtigen Reihenfolge auf.

c **Écoute et répète.** | Hör zu und wiederhole die Uhrzeiten.

Achte auf die Bindung bei:
deux‿heures, trois‿heures, six‿heures, neuf‿heures, dix‿heures

3 **Übersetze die Sätze ins Deutsche und vergleiche. Was ist gleich, was ist anders?**

🇫🇷	🇬🇧
Il est neuf heures et quart.	*It's quarter past nine.*
Il est onze heures et demie.	*It's half past eleven.*
Il est quatre heures moins le quart.	*It's quarter to four.*

4 a **Il est quelle heure ?** | Wie spät ist es? Hör zu und schreibe die Uhrzeiten in der richtigen Reihenfolge auf.

b **Il est quelle heure ?** | Arbeitet zu zweit. Partner A zeigt auf eine der Uhren und fragt nach der Uhrzeit. Partner B sagt, wie spät es ist.

c **À vous !** | Wie spät ist es? Jede/-r schreibt vier Uhrzeiten auf einen Zettel. Fragt euch abwechselnd nach der Uhrzeit und sagt, wie spät es ist.

5 DELF **Écoute et réponds.** | Hör dir die Durchsagen jeweils dreimal an. Welche Uhrzeiten stimmen?

1. Deine Austauschpartnerin ruft dich aus dem Bus an. Wann kommt sie in der Schule an?
   (A) 04:35 (B) 14:25 (C) 14:35
2. Du stehst in Paris am Busbahnhof. Wann kommt der Bus an, der nach Lyon fährt?
   (A) 03:28 (B) 08:23 (C) 08:32
3. Du bist im Einkaufszentrum und hörst die Ansage einer Bäckerei. Um wie viel Uhr gibt es die Croissants zum „Schnäppchen-Preis“?
   (A) 12:55 (B) 15:25 (C) 15:50

6 a **L'heure, c'est l'heure ! Écoute la chanson et note.** | Hör dir das Lied an. Welche Uhrzeiten kommen darin vor? Schreibe sie auf.

b **Chantez.** | Hört euch das Lied noch einmal an und singt mit. ▶ Text, S. 146

Lire et comprendre

1 **Lis le mail et réponds.** | Lies die E-Mail und beantworte die Fragen unten.

Objet : Coucou de Bordeaux

Salut Martin,

Ça va chez toi ? Moi, à Bordeaux, ça va. Mon collège est sympa. La cantine est cool. À midi, on a une heure et demie de récréation. Alors c'est sympa, on a le temps pour manger et rigoler avec les copains. Et le lundi, il y a souvent des pizzas. C'est ma journée préférée ! Ma salle de classe préférée, c'est la salle d'arts plastiques. Les murs sont rouges, et moi, j'adore le rouge ! Dans le CDI, il y a beaucoup de livres mais pas assez d'ordinateurs. C'est nul. J'ai une copine : elle s'appelle Mara. Je fais du théâtre avec elle le mardi. C'est vraiment cool ! (Mara aussi, elle est cool.) Mais je trouve que notre emploi du temps est nul. Nous commençons toujours à huit heures et nous terminons à dix-sept heures, bof ! Et la prof d'allemand m'énerve. Je trouve qu'elle donne trop de devoirs ! En plus, elle donne des devoirs le week-end. Alors là, je suis contre ! Bon, et toi ? Tu fais toujours du basket ? Raconte ! À plus ! Djibril

1. C'est un message de...
   A Djibril à Martin.
   B Martin à Mara.
   C Martin à Djibril.

2. Djibril aime... (*3 réponses*)
   A 
   B 
   C 
   D 
   E 
   F 

3. Pour manger, au collège, les élèves ont une pause de...
   A 30 min.
   B 60 min.
   C 90 min.

4. Sa journée préférée, c'est...
   A le lundi.
   B le mardi.
   C le vendredi.

5. Djibril...
   A 
   B 
   son emploi du temps.

6. Il a cours de 8:00 à...
   A 15:00
   B 16:00
   C 17:00

7. Il trouve que travailler le week-end, c'est...
   A 
   B 

Écouter et comprendre

2 **C'est quand, leur anniversaire ? Écoute et note la date.** | Wann haben diese vier Personen Geburtstag? Hör zu und schreibe das Datum auf.

Clara

Rachid

Luc

Laure

3 **Voilà les corres ! Écoute et complète leurs fiches.** | Zwei Austauschschüler/-innen stellen sich vor. Hör zu und fülle die Steckbriefe aus.

Nom : Marc
Âge :
Classe :
Habite à :
Frères et sœurs :
Parents :
❤ :
❤✗ :
Journée préférée :

Nom : Lisette
Âge :
Classe :
Habite à :
Frères et sœurs :
Parents :
❤ :
❤✗ :
Journée préférée :

Écrire

4 **Tu fais une fête et tu invites tes copains.** | Schreibe eine Einladung und denke an:

1. einen Einleitungssatz und den Anlass der Feier,
2. Datum, Uhrzeit und Ort,
3. zwei Aktivitäten, die ihr machen werdet,
4. was mitzubringen ist,
5. eine Verabschiedung.

Médiation

5 **Fais la médiation pour ton ami Max.** | Dein Freund Max ist in Frankreich und erhält diese Gruppennachricht. Er versteht leider nicht viel. Hilf ihm und schreibe ihm eine Nachricht auf Deutsch: Erkläre ihm die Situation und sage, was Nora vorschlägt.

> Nora
> Salut les copains ! Ça va ? C'est l'anniversaire d'Alex samedi. J'ai une idée : on pourrait faire un cadeau ensemble et acheter un stylo et un cahier parce qu'il aime dessiner. En plus, on pourrait faire un gâteau au chocolat. Vous êtes d'accord ? A+ Nora
> 14:34

Parler

6 **Parle avec ton/ta partenaire. Posez des questions et répondez.**

- Begrüßt euch und fragt euch gegenseitig, wie es euch geht.
- Stellt euch vor: Name, Alter, Geburtstag, Klasse, Lieblingsfach.
- Sagt, welcher Tag euer Lieblingstag oder euer Albtraumtag ist und warum.
- Sagt, dass es klingelt und verabschiedet euch.

Unité 3

Qu'est-ce qu'on fait ce week-end ?

❷ la Recyclerie

❶ le Stade de France

❸ la piscine Joséphine Baker

Nach dieser Unité kannst du:

☑ dich mit anderen verabreden.

☑ auf eine Einladung reagieren.

Dafür lernst du:

- zu sagen, wohin du gehen möchtest.
- zu sagen, was du unternehmen möchtest.
- abzusagen und dein Bedauern auszudrücken.
- (neue) Vorschläge zu machen.

C'est sympa/cool/super/bien pour…

regarder un match	regarder un film
écouter un concert	faire une balade
faire un atelier	faire du shopping
faire du sport	faire du skate
faire de la danse	retrouver ses copains

Partie A

1 **Ils vont où ? Complète.** | Wohin gehen bzw. fahren sie? Setze die passende Form von *aller* ein. ▶ Grammaire, p. 56/1

vais • vas • va • allons • allez • vont

– Tu ? à la boulangerie ?
– Non, je ? au CDI.

– Vous ? où ?
– Nous ? à Bordeaux.

Ils ? au skatepark.

Elle ? toujours au lit à 20 heures.

2 **Et vous ? Vous allez où après le collège ?** | Geht in der Klasse herum, stellt Fragen und antwortet.

à la boulangerie • au café • à la bibliothèque • au skatepark • au magasin de sport • aux Halles • au stade • à la piscine

3 **Rendez-vous, mais où ?** | Hier verabreden sich Freunde/Freundinnen am Telefon. Hör dir die drei Gespräche an. Welches Bild passt zu welchem Gespräch? Achtung: Ein Bild bleibt übrig!

4 **Faites des devinettes.** | Stellt euch Rätselfragen. A beginnt. B errät. Dann ist B an der Reihe.

Où est-ce qu'on va pour…
… acheter des croissants / des mangas ?
… bien rigoler ?
… dessiner ?
… faire du skate / les devoirs ?
… regarder des séries / un film / un match de foot / un concert ?
… retrouver les copains et copines ?
… travailler pour le collège ?

Pour (acheter des croissants), on va…
… en cours d'arts plastiques.
… à la salle de permanence.
… dans sa chambre / dans la cour.
… chez les copains / chez les grands-parents.
… au théâtre/supermarché/stade/skatepark/parc/collège/cinéma/centre commercial/CDI.
… à la piscine / à la boulangerie.

Partie B

5 **Lis et continue le poème.** | Lies das Gedicht und schreibe es weiter.

Je veux avoir un chat
mais j'ai une allergie.
Je veux avoir une moto
mais je n'ai pas 18 ans.
Je veux acheter un croissant
mais je n'ai pas d'argent. …

6 a **Écoutez et chantez la chanson du verbe *vouloir*.** | Hört das Lied zum Verb *vouloir* und singt mit.

▶ Verbes, p. 130

Je veux, tu veux, il veut, elle veut…
faire la fête et faire des jeux.
Nous voulons et vous voulez…
faire la fête et rigoler.
Ils ne veulent pas rentrer ! Elles ne veulent pas rentrer !

b **Complétez et chantez la chanson du verbe *pouvoir*.** | Das Verb *pouvoir* wird ganz ähnlich konjugiert wie das Verb *vouloir*. Ergänzt die Formen im Lied *pouvoir* und singt das Lied „Je peux".

Je peux, tu ?, il ?, elle ? …
faire la fête et faire des jeux.
Nous ? et vous ? … faire la fête et rigoler.
Ils ne ? pas rester ! Elles ne ? pas rester !

7 a **Jouez aux dés.** | Würfelt und übt abwechselnd die Verben *vouloir* und *pouvoir*.

je · tu · il/elle/on · nous · vous · ils/elles

Ihr habt keinen Würfel? Dann ladet eine Würfel-App herunter.

b **Regarde les dessins et réponds : Qu'est-ce que les personnes veulent faire mais ne peuvent pas ?**

Exemple : 1. Nous **voulons** faire une balade mais nous ne **pouvons** pas.

1 
nous • faire une balade

2 
elle • faire de la guitare

3 
vous • préparer une pizza

4 

je • aller au cinéma

5 
tu • rentrer chez toi

6 
elles • faire du tennis

Vocabulaire : Rendez-vous à quelle heure ?

ERKLÄRFILM

1 a **Regarde la vidéo.** | Sieh dir das Video an. Lerne damit die neuen Wendungen.

b **Regarde la vidéo et répète.** | Sieh dir jetzt die Karaokeversion an und sprich nach.

2 **Trouve l'intrus.** | Finde heraus, was nicht passt.

1. Tu veux aller au stade • tableau • parc avec moi ?
2. Rendez-vous à 17 heures • chez moi • dans mon cahier.
3. Je ne peux pas parce que ça te dit • j'ai basket • je vais chez ma tante.
4. C'est désolé • une bonne idée • dommage !
5. C'est très cool • cher • gratuit !

3 **Faites des mini-dialogues.** | Geht im Klassenraum herum, stellt Fragen und antwortet. Ihr könnt das Bild oben als Ideenspender verwenden.

Tu veux (faire un truc) ce week-end ?

Je voudrais (aller au skatepark) à (3) heures, ça te dit ?

On pourrait (aller à la piscine) ce week-end, ça te dit ?

Mince ! Je ne peux pas !

Désolé/Désolée, ce n'est pas mon truc.

Bonne idée ! Rendez-vous à (5) heures !

Hier lernst du, deine Telefonnummer auf Französisch anzugeben.

1 a **Regarde la vidéo. De quoi est-ce que les deux jeunes parlent ? Réponds.**

b **Regarde encore une fois et note le numéro de leur copain Robin.**

In Frankreich gibt man Telefonnummern zweistellig an, z. B. 03 88 69 31 … (*zéro trois / quatre-vingt-huit / soixante-neuf / trente-et-un / …*).
Wie ist das in Deutschland?

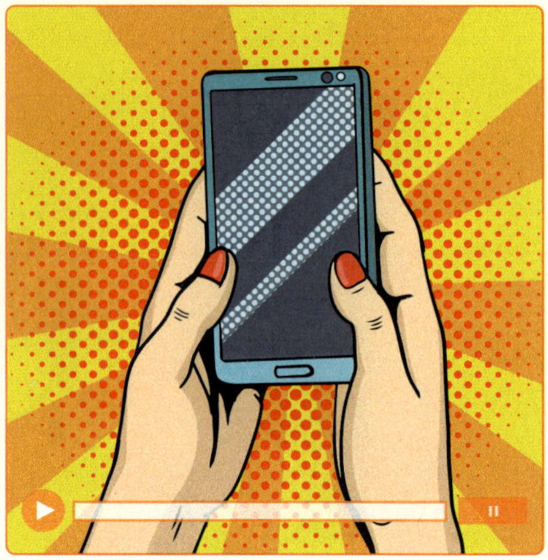

2 a **Regardez la carte.** | Seht euch die Karte an. Welche Telefonvorwahlen haben Paris, Straßburg, Lyon, Bordeaux und Rennes?

Exemple : Strasbourg, c'est le 03.

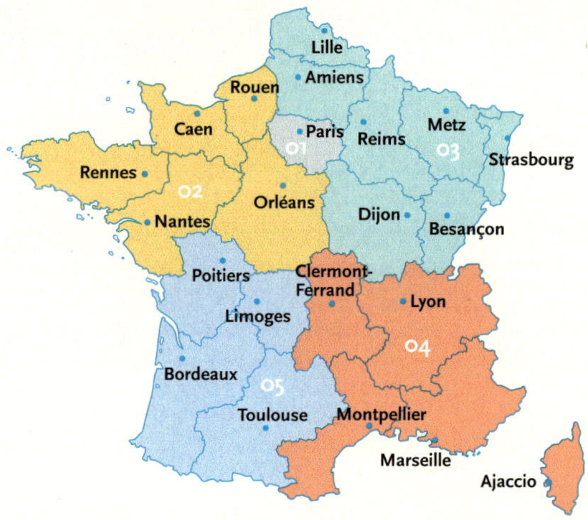

b **Schreibe eine ausgedachte Telefonnummer auf einen Zettel und übe sie auf Französisch ein.** ▶ Nombres, p. 131

c **Diktiert euch gegenseitig eure ausgedachten Telefonnummern auf Französisch. Die anderen schreiben sie auf. Dann vergleicht.**

3 **Regarde la vidéo et trouve les bonnes réponses.**

1. Les copains s'appellent… — A Liko et Laurin. B Mika et Ramid. C Nico et Robin.
2. Ils vont au club de… — A  B  C  .
3. Ils vont au club à… — A 14:00 B 15:00 C 16:00 .
4. Qui passe d'abord chez qui ?

4 **Envoyez des messages et donnez-vous rendez-vous.** | Sendet euch Textnachrichten und verabredet euch auf Französisch.

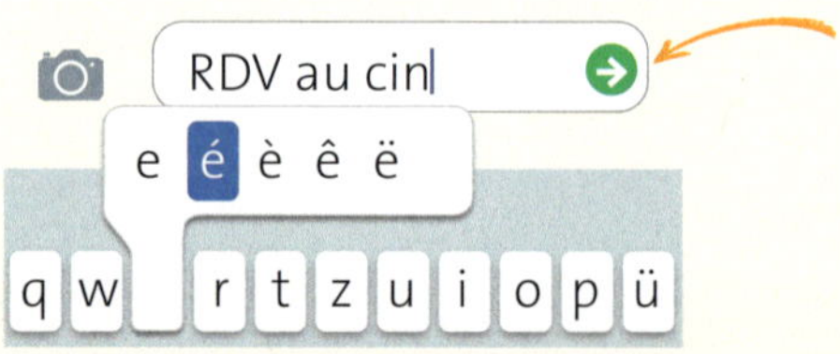

Weißt du schon, wie du die französischen Sonderzeichen auf der Handytastatur findest? Tippe länger auf einen Buchstaben, dann werden dir die Akzente angezeigt.

LA RECYCLERIE

ACCUEIL | LES AMIS RECYCLEURS | PROGRAMME | PODCASTS
FERME URBAINE | ATELIER DE RENÉ | CAFÉ-CANTINE | INFOS PRATIQUES

L'ATELIER DE RENÉ

LA RECYCLERIE

83 boulevard Ornano
75018 Paris

TRANSPORTS EN COMMUN

Ligne 4
(Porte de Clignancourt)
Bus 85 et 56
Tram T3
(Porte de Clignancourt)

ACCÈS

Tes écouteurs sont cassés ? Votre grille-pain est en panne ? Tu ne veux pas acheter de nouveaux appareils mais réparer et bricoler et agir de manière éco-responsable ? Bienvenue dans l'atelier de René à la Recyclerie ! Un endroit pour partager, bricoler, rigoler et échanger des idées…

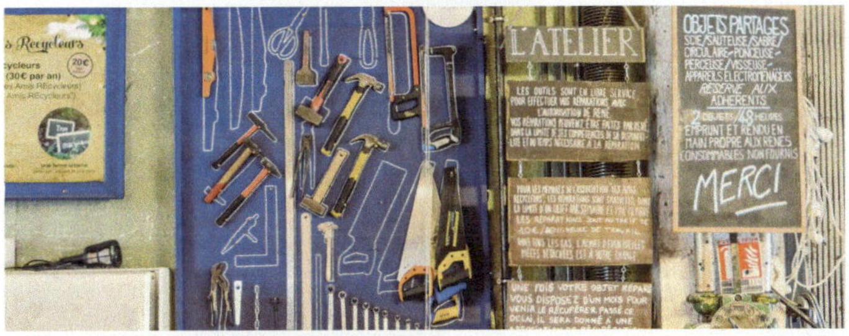

Tu peux bricoler sur place du lundi au vendredi de 12 h à 18 h.

Est-ce que tu es déjà un Ami Recycleur ? **INSCRIS-TOI !**

RESTAURANT

Petit-déjeuner 8 h – 12 h
Formule à 3 € : jus d'orange + croissant

Déjeuner 12 h – 15 h
Formule à 14 € : plat + dessert + café

Goûter 15 h – 17 h 30
Formule à 5 € : cookie + thé

Dîner 19 h – 22 h 30 (sauf le dimanche)

FR/DE **1** **Dein Bruder findet diese Webseite interessant, versteht aber kein Französisch. Worum geht es hier? Berichte ihm alles, was du verstehst.**

DELF **2** **Tes écouteurs sont cassés ? | Deine Kopfhörer sind kaputt? Euer Toaster spinnt? Melde dich in Renés Werkstatt an und fülle das Anmeldeformular aus.** ▶ Carnet d'activités

Ma chanson préférée

1 **Note les expressions utiles.** | Hör und lies Anissas Präsentation. Wie beginnst und beendest du einen Vortrag? Welche Wörter benutzt du, um einen Vortrag zu strukturieren?

2 **Entraîne-toi avec la chaîne à l'envers. Écoute et répète.** | Trainiere mit der Rückwärtskette. Hör zu und sprich nach.

3 a **Anissa erklärt, was sie vorhat. Wie drückt sie das aus?**

Exemple : Dans ma présentation, <u>je vais utiliser</u> des mots nouveaux.

ERKLÄRFILM

b **Vorhaben und Pläne für die Zukunft drückt man mit dem *futur composé* aus. Findet weitere Formen im Text und ergänzt die Regel (Kasten rechts). Löst anschließend die Übungen dazu in eurem *Carnet d'activités*.** ► Grammaire, p. 76/5

> **Das *futur composé* wird mit ? im Präsens und dem ? eines Verbs gebildet.**

4 **a** **Choisis une chanson.** | Wähle ein Lied aus. Vorschläge findest du auf der nächsten Seite.

b **À toi ! Présente ta chanson préférée.** | Du bist dran! Präsentiere dein Lieblingslied. Verwende Anissas Text als Vorlage. ► Méthodes, p. 123/2

> **Wenn du beim Sprechen einmal nicht weiter weißt, dann verwende französische Füllwörter wie *alors*, *ben* und *euh*.**

Les stars de la musique francophone

Stromae
Chanteur belge. Son père est du Rwanda.
Il fait de la musique depuis 2000.
Il parle des problèmes des gens.
Son style : hip-hop, électro house, new beat
Chansons : *Santé, Alors on danse, Papaoutai*

Angèle
Chanteuse et actrice belge.
Elle fait de la musique depuis 2001.
Elle fait aussi du cinéma.
Ses chansons parlent de la vie, de la chance et du respect entre les hommes et les femmes.
Son style : rock, pop, chanson française
Chansons : *Tout oublier, Oui ou non, Balance ton quoi*

Yseult
Chanteuse française. Ses parents sont du Cameroun, elle vit à Bruxelles.
Elle fait de la musique depuis 2013.
Elle parle de la dépression, du racisme et du courage.
Son style : Y-trap, textes avec des messages importants et une mélodie douce
Chansons : *Noir, Rien à prouver*

FR/DE **1** **Lis les informations.** | Lies die Informationen über die Stars und stelle einen von ihnen auf Deutsch vor.

Black M
Rappeur et chanteur français. Ses parents sont de Guinée.
Il fait de la musique depuis 2002, dans le groupe Sexion d'Assaut, puis en solo.
Il parle des problèmes des gens, de la pauvreté et de la vie des artistes.
Son style : hip-hop, rap, pop
Chansons : *Sur ma route, On va Yeke, Outfit*

Keny Arkana
Rappeuse française. Ses parents viennent d'Argentine.
Elle habite à Marseille.
Elle fait de la musique depuis 1996.
Elle parle du capitalisme et de la pollution de la planète.
Son style : rap
Chansons : *La rage, J'me barre*

The Blaze
Ce sont deux cousins, Guillaume et Jonathan Alric.
Ils habitent à Paris.
Ils font de la musique depuis 2016.
Ils parlent de la vie, de l'amour, de l'amitié.
Leur style : musique éléctronique avec des super vidéos
Chansons : *Territory, Heaven*

2 **Choisis une chanson pour ta présentation.** | Hör dir die Lieder an. Wenn dir eines gefällt, kannst du es für deine Präsentation nutzen.

Unité 4

Qu'est-ce qu'on mange ?

1

2

Moi, mon plat préféré, c'est le steak avec du riz ou avec des frites. Et toi ? Quel est ton plat préféré ?

Moi, j'aime manger des crêpes ! Pour préparer des crêpes, il faut des œufs, du lait, du sucre et de la farine.

J'aime les pâtisseries de mon arrière-grand-mère. C'est super bon !

Nach dieser Unité kannst du:

☑ in einer Sprachmittlung Lebensmittel umschreiben.

☑ ein Gespräch am Esstisch führen.

Dafür lernst du:

- zu sagen, was dein Lieblingsessen ist.
- zu sagen, was du (nicht) gerne isst.
- Speisekarten und Rezepte zu verstehen.

3

Die maghrebinische Küche ist in Frankreich sehr beliebt. Gerichte wie le couscous oder le tajine sowie typische pâtisseries wie les baklawas sind weit verbreitet. Kennt ihr sie?

4

5

Je mange souvent de la pizza ou des pâtes avec des légumes et de la sauce.

Mon plat préféré, c'est le croque-monsieur ! Pour préparer un croque-monsieur, il faut du pain, du fromage, du jambon et de la sauce.

6

1 **Écoute et lis. Qui aime quoi ?** | Hör zu und lies mit. Wer mag was? Ordne die Gerichte den Personen zu.

Exemple : Le plat préféré d'Idriss, c'est le/la/les __. C'est la photo numéro __.

2 a **Écoute et répète.** | Hör zu und trainiere mit der Rückwärtskette.

Mon plat préféré, c'est la pizza.

Moi, j'aime manger du steak avec des pâtes ou avec des frites.

Je mange souvent du riz avec de la sauce et des légumes.

b **Qu'est-ce que vous aimez manger ?** | Was schmeckt euch gut? Was nicht? Tauscht euch aus.

Exemple : J'aime manger de la pizza comme Lili-Rose. C'est super bon ! Et toi ?

3 a **Vergleicht die französischen Sätze mit den deutschen. Was fällt euch auf? Wie gibt man im Französischen unbestimmte Mengen an?**

1. Il faut **du** sucre.	Wir brauchen ___ Zucker.
2. Je mange **de la** pizza.	Ich esse ___ Pizza.
3. Tu as **de l'**argent ?	Hast du ___ Geld?
4. J'achète **des** œufs.	Ich kaufe ___ Eier.

b **Complète les phrases.** | Ergänze die Sätze mit dem Teilungsartikel *du*, *de la*, *de l'* oder *des*.

Pour faire une fête, il faut d'abord préparer ? **invitations**. Il faut aussi ? **musique** et ? **cadeaux**. Et on achète ? **farine**, ? **sucre**, ? **œufs** et ? **chocolat** pour faire un gâteau.

4 DELF **Qu'est-ce qu'il faut ? Écoute et note.** | Was muss Noé einkaufen? Hör zu und notiere die sechs Lebensmittel, die er mitbringen soll. ▶ p. 117

5 **Qu'est-ce qu'il faut pour préparer des crêpes ?** | Sieh dir die Rezepte an und sage, welche Zutaten du brauchst. Verwende *du*, *de la*, *des*. ▶ Grammaire, p. 75/1 ▶ p. 117

Exemple : Pour préparer **de la** mousse au chocolat, il faut **du** chocolat, …

À la cantine

Stratégie Préparer le visionnage

Jedes collège hat eine Kantine. Mittags gibt es immer ein Menü mit drei Gängen: entrée – plat – dessert. Die Mittagspause dauert ein bis zwei Stunden. Wie ist das an eurer Schule?

1 **Qu'est-ce qu'il y a à la cantine ? Lis le menu.** | Was gibt es in der Kantine? Lies den Speiseplan und ordne die Gerichte den Zeichnungen zu.

Menu

Entrée
Soupe de tomates
ou
Salade de carottes

Plat
Poisson, riz et légumes
ou
Steak et gratin de potiron

Dessert
Gâteau aux pommes
ou
Salade de fruits

Regarder et comprendre

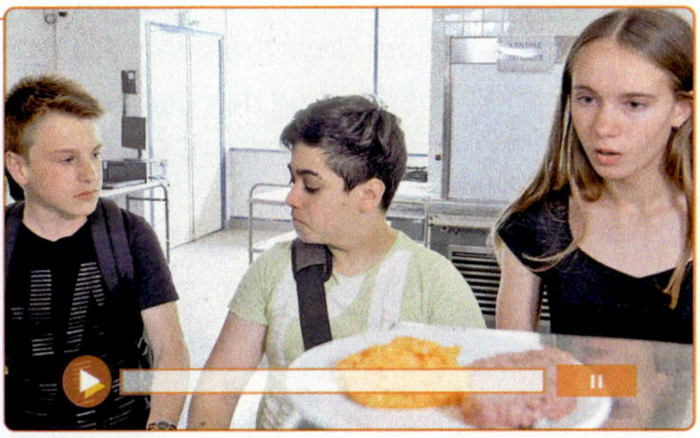

2 a **Regardez la vidéo et répondez.** | Seht euch das Video an. Warum versteht Pia nicht alles auf Französisch? ▶ p. 32/2b

b **Regarde la vidéo encore une fois et réponds.** | Lies die Sätze, sieh dir das Video noch einmal an und wähle jeweils die richtige Antwort aus.

1. A Gabin mange du poisson parce qu'il n'aime pas le steak.
   B Gabin mange un steak parce qu'il n'aime pas le poisson.
2. A Le potiron, c'est un légume.
   B Le potiron, c'est un poisson.
3. A Pia ne prend pas le gratin.
   B Pia ne prend pas le steak.

c **Was sagt Lili-Rose, als sich Gabin Brot nimmt? Wie reagiert er? Wie würdet ihr reagieren? Tauscht euch aus.**

1 PAIN PAR PERSONNE

S'entraîner au dialogue

3 a Lisez le dialogue. Travaillez à quatre. | Hört euch das Gespräch noch einmal an und lest es mit verteilten Rollen. Tauscht dann die Rollen.

Idriss : Hmm, j'ai faim ! Qu'est-ce que vous prenez ?
Gabin : Moi, je prends le steak parce que je n'aime pas le poisson.
Pia : « Potiron », qu'est-ce que c'est ?
Idriss : C'est un légume, il est orange... Il est grand comme ça...
Gabin : C'est le légume d'Halloween ! Grrr !
Pia : Ah, „Kürbis"! Klar ... Je voudrais le gratin de potiron, mais sans le steak, s'il vous plaît !
Idriss : Tu ne prends pas de viande ?
Pia : Non. Je suis végétarienne.
Lili-Rose : Attention, on ne gaspille pas, Gabin ! Ne prends pas trop de pain !

b À vous ! | Seht euch den Speiseplan auf S. 69 an. Geht in der Klasse herum und führt Mini-Dialoge.

Qu'est-ce que tu prends ?
Je prends __. Et toi ?
Moi, je prends __.

Stratégie Médiation

4 Lest die verschiedenen Möglichkeiten der Umschreibung. Ordnet dann je eine Erklärung den deutschen Wörtern zu. Es gibt mehrere Möglichkeiten.

Bei einer Sprachmittlung vermittelst du zwischen zwei Sprachen. Dabei kennst du nicht immer alle Wörter und musst diese umschreiben.

einen Oberbegriff verwenden → C'est un animal / un dessert / un légume / de la viande.
die Größe/Farbe beschreiben → C'est petit/grand. / C'est vert/blanc/__.
eine Zutat nennen → **C'est avec** du chocolat / du lait / __.
einen Vergleich anstellen → C'est un peu **comme** un gratin / une soupe.
ein Beispiel angeben → C'est une pomme, **par exemple**.
Gesten/Geräusche machen → C'est petit/grand **comme ça**. / Ça fait **comme ça**.

Schokopudding | Obst | Huhn | Auflauf | Erbse | Blumenkohl

Mini-tâche : Médiation

5 Vous êtes avec un ami français / une amie française à la cantine. Expliquez les plats. | Erklärt und erratet abwechselnd die Lebensmittel auf Französisch. Verwendet die Tipps aus 4. ▶ p. 118

Birne • Milchreis • Ente • Gemüseeintopf

Jetzt kannst du in einer Sprachmittlung Lebensmittel beschreiben.

À table

Lire et comprendre

Tu es comment à table ? Fais le test !

1 Quand est-ce que tu manges à la cantine ?

A « Je mange à la cantine quand il y a des pâtes. »
B « Je mange toujours à la cantine, c'est très bon ! »
C « Je ne mange jamais à la cantine. Je mets toujours un paquet de gâteaux dans mon sac ! »

2 Samedi, tu invites tes copains et copines chez toi :

A « Ensemble, on achète des pizzas. Miam ! »
B « Je prépare un menu : une entrée, un plat et un dessert. »
C « J'ai de l'eau, trois bouteilles de coca et des verres… Mes amis/amies apportent des frites. »

3 En France, chez ton corres : c'est dimanche, le plat est végétarien. Toi :

A « Bon appétit ! Tu me passes le sel, s'il te plaît ? »
B « C'est très bon ! Est-ce que je peux avoir la recette ? »
C « Beurk ! Je n'ai plus faim. Je ne mange rien. »

4 Lundi, ton corres prépare le repas. Toi :

A « Qu'est-ce que c'est ? Je peux goûter ? »
B « C'est très bon ! Miam ! J'adore ! »
C « C'est bizarre ! Ce n'est pas bon ! Beurk ! »

5 Mardi, chez ton corres. Il est 18 heures et tu as très faim :

A « Quand est-ce que vous mangez dans ta famille ? »
B « Je peux préparer le repas. Et on met la table ensemble, d'accord ? »
C « J'ai faim ! J'ai soif ! Je veux des frites ! Quand est-ce que le repas est prêt ?»

A Ton plat préféré, c'est les pâtes ou la pizza. À table, tu es un peu timide mais tu aimes tout goûter.
B Tu adores manger, préparer des plats, mettre la table et aller au restaurant. En plus, tu es très poli/polie.
C Tu veux manger quand tu as faim. À table, tu n'es pas toujours poli/polie. Attention : ce n'est pas cool !

1 a **Tu es comment à table ? Faites le test.** | Macht den Test. Seid ihr mit eurem Ergebnis einverstanden? Tauscht euch aus.

b **Écoutez et répétez.** | Hört zu. Lest dann zu dritt die Antworten mit verteilten Rollen.

Regarder et comprendre ▷

2 **Regarde la vidéo et réponds.** | Sieh dir das Video an und antworte.

Die Fragen in der Aufgabe geben dir Hinweise zum Inhalt des Films. Lies diese aufmerksam durch, bevor du das Video anschaust.

1. Qui veut de l'eau ?
2. Qui n'aime pas la soupe ?
3. Qui aime le gratin ?
4. Qui mange le dessert de Pia ?

3 **Qu'est-ce qu'ils disent ? Trouve les phrases qui vont ensemble.** | Was sagen sie? Finde die Sätze, die zusammenpassen. Vergleiche dann mit dem Video.

Bon appétit ! 1
J'ai soif ! 2
Beurk ! Il y a trop de sel dans la soupe ! 3
Le gratin est très bon, mais je n'ai plus faim ! 4

A Alors je mange ton dessert, d'accord ?
B Merci !
C Tu me passes l'eau, s'il te plaît ?
D Ce n'est pas bon !

S'entraîner au dialogue

4 **Écoute, lis et répète.** | Hör zu, lies mit und sprich nach.

Je mets la table ?
Le repas est prêt !
Miam... c'est très bon !
Beurk ! Ce n'est pas bon !
Bon appétit !
J'ai faim !
J'ai soif !
Tu me passes l'eau, s'il te plaît ?
Je n'ai plus faim.

Beim Sprechen: Imitiere die französische Sprechweise. Du kannst auch ein bisschen übertreiben! So werden deine Dialoge lebendiger.

Comparer les langues Bestimmte Mengen angeben

5 a **Lest die Angaben. Was fällt euch auf? Tauscht euch aus.**

eine Flasche	■	Milch
une bouteille	de	lait
a bottle	of	milk
una botella	de	leche

b **Lies die Sätze und finde die Mengenangaben. Was bedeuten sie? Was haben sie gemeinsam?**

1

Je ne mange pas de pâtes.

2

Je ne mange pas assez de pâtes.

3

Je mange un paquet de pâtes.

4

Je mange trop de pâtes.

S'entraîner

6 **a** **Les amis sont différents ! Complète.** | Die Freunde und Freundinnen sind sehr unterschiedlich! Ergänze mit *ne... jamais*, *ne... plus* oder *ne... rien*. ▶ Grammaire, p. 76/3

Exemple : Pour la fête, Noé prépare **beaucoup de** plats. → Jeanne **ne** prépare **rien.**

tout (*alles*) **beaucoup de** (*viel/viele*)	≠	**ne... rien** (*nichts*)
toujours (*immer*) **souvent** (*oft*)	≠	**ne... jamais** (*nie*)
encore (*noch*)	≠	**ne... plus** (*nicht mehr*)

1. Pour la fête, Noé prépare **beaucoup de** plats. → Jeanne ? prépare ? .
2. Lili-Rose partage **beaucoup de** trucs avec sa sœur. → Gabin ? partage ? avec ses frères.
3. Gabin range **tout** dans sa chambre. → Lili-Rose ? range ? dans sa chambre.
4. Idriss va **souvent** au supermarché. → Jeanne ? va ? au supermarché.
5. Gabin travaille **toujours** le week-end. → Noé ? travaille ? le week-end.
6. Gabin est **toujours** prêt. → Lili-Rose ? est ? prête.
7. Lili-Rose aime **encore** partager sa chambre. → Gabin ? aime ? partager sa chambre.

b **Et vous ? Qu'est-ce que vous ne faites plus ? Qu'est-ce que vous ne faites jamais ? Racontez.**

7 **a** **Qu'est-ce qui va ensemble ? Retrouve les expressions.** | Was passt zusammen? Schreibe alle Wendungen auf, die du mit den Verben bilden kannst. Es gibt mehrere Möglichkeiten.

mettre • avoir • manger • acheter • préparer • prendre

de l'eau • soif • à la cantine • une bouteille de lait • une soupe • la table • beaucoup • du pain • une entrée • un paquet de gâteaux • faim • de la salade

b **À vous ! Écrivez trois mini-dialogues avec les expressions de a.**

J'ai faim.

Tu veux manger du pain ?

Écouter et comprendre

8 **Écoute et réponds.** | Noé und sein Vater sind in der Küche. Hör zu und antworte.

1. Qui prépare le repas ? (A) Noé (B) le père de Noé
2. Qui met la table ? (A) Noé (B) le père de Noé
3. Noé et son père mangent… (A) de la pizza. (B) du poisson avec du riz.
4. Le père de Noé cherche… (A) le sel. (B) le pain.
5. Après le plat, (A) Noé prend un dessert. (B) Noé ne prend pas de dessert.

Mini-tâche : Parler

9 a **À vous ! Jouez une scène à table.** | Bereitet eure Szene vor und einigt euch auf den Inhalt. Lernt euren Text auswendig. Denkt auch an Mimik und Gestik. Spielt eure Szene vor. ▶ p. 118

A: • À table !
• On mange !

B: J'arrive ! J'ai faim.
Qu'est-ce qu'on mange ?

A: On mange (des pâtes) avec (des légumes).

B: Miam ! Je mets la table ?

A: Oui, s'il te plaît !

B: Où est (le pain) / Où sont (les verres) ?

A: (Les verres) sont (sur l'étagère).

B: D'accord.

A: Voilà, c'est prêt !

B: Merci !
Tu me passes (les pâtes), s'il te plaît ?

A: Oui. Bon appétit !

B: Bon appétit !
C'est très bon !

A: J'ai soif. Tu me passes (l'eau), s'il te plaît ?

B: Bien sûr. Qu'est-ce qu'il y a comme dessert ?

A: Il y a (du gâteau au chocolat / des fruits / __).

B: Super, je vais prendre (un fruit).
Et toi, tu veux un dessert ?

A: • Oui, s'il te plaît ! Je vais prendre __.
• Non, merci. Je n'ai plus faim.
• Non, merci. Je n'aime pas les desserts.

Weitere Bezeichnungen für Küchengegenstände findest du auf Seite 154.

b **Filmez votre scène et montrez la vidéo en classe.** | Filmt eure Szene und zeigt das Video in eurem Französischkurs. Diskutiert gemeinsam, welches Video euch am besten gefallen hat und warum.

✅ Jetzt kannst du ein Gespräch am Esstisch führen.

GH 18 ▷ ERKLÄRFILM

1 Der Teilungsartikel → Du gibst eine unbestimmte Menge von etwas an.

J'achète	**du** riz.
	de la farine.
	de l'eau.
	des légumes.

Weißt du noch?
de + le → du
de + les → des

GH 20 ▷ ERKLÄRFILM

2 Weitere Mengenangaben mit *de* → Du gibst eine bestimmte Menge von etwas an.

un paquet de farine	eine Packung Mehl
une bouteille de coca	eine Flasche Cola
un verre d'eau	ein Glas Wasser

! (FR) un verre **de** lait

(DE) ein Glas ▢ Milch

! Achte auf die Unterschiede:

Bestimmte Mengen angeben

Je mange **beaucoup de** légumes.	viel/viele
Je mange **trop de** pâtes.	zu viel/viele
Je prends **un verre de** lait.	ein Glas
J'apporte **une bouteille d'**eau.	eine Flasche
J'achète **un paquet de** farine.	eine Packung
Je **ne** mange **pas de** viande.	kein/keine/keinen

Unbestimmte Mengen angeben

J'achète **du** sucre.	Ich kaufe Zucker.
Je mange **de la** pizza.	Ich esse Pizza.
Je prends **de l'**eau.	Ich nehme Wasser.
J'achète **des** pommes.	Ich kaufe Äpfel.

GH 21 3 Die Verneinung mit *ne... plus, ne... jamais* und *ne... rien* → Du verneinst etwas.

Je	**ne**	mange	**pas**	à la cantine.
Ich esse nicht in der Kantine.				
Je	**ne**	travaille	**plus**	après 20 heures.
Ich arbeite nicht mehr nach 20 Uhr.				
Il	**n'**	apporte	**rien**	pour le repas.
Er bringt nichts für das Essen mit.				
Elle	**ne**	va	**jamais**	au restaurant.
Sie geht nie ins Restaurant.				

GH 19 + 20 4 Die Verben *mettre* und *prendre* ▶ Verbes, p. 130

ERKLÄRFILM

Module C

GH 17 5 Das *futur composé* → Du sprichst über Vorhaben und Pläne in der Zukunft. ▶ Module C

ERKLÄRFILM

Je	**vais**	**aller**	à Paris.
Tu	**vas**	**inviter**	Alex ?
Il/Elle/On	**va**	**faire**	du basket.
Nous	**allons**	**manger**	du gâteau.
Vous	**allez**	**faire**	la fête ?
Ils/Elles	**vont**	**regarder**	un match.

futur composé = Form von *aller* + Infinitiv

! Je ne **vais** pas **aller** à Paris.

Ils ne **vont** pas **faire** la fête.

Der Infinitiv steht nach *pas*.

Lerne die wichtigsten Sätze der Unité 4. ▶ Expressions utiles, p. 164/4

Partie A

1 **Seht euch die Verbformen von *prendre* (S. 130) 30 Sekunden lang an. Schließt dann euer Buch und schreibt die Formen aus dem Kopf auf. Wer hat alles richtig geschrieben? Korrigiert euch gegenseitig.**

2 a **Complète.** | Ergänze die Sätze mit den richtigen Formen von *prendre*. ► Verbes, p. 130

1

– Qu'est-ce que vous ? ?
– Nous ? les pâtes.

2

Éva et Meryem ? la salade de fruits comme dessert.

3

– Tu ? la soupe de potiron ?
– Bof, non, je ? la salade.

4

Yann ? toujours trop de pain.

5

– On ? le métro ?
– Ah non, nous ? le bus.

6

– Il faut ? les livres ?
– Non, ? vos cahiers.

b **Qu'est-ce qu'on peut prendre ? Complétez le tableau.** | Ergänzt die Tabelle zu zweit.
► Liste alphabétique, p. 169

à la cantine	en ville	au collège	...
prendre un dessert	prendre le métro	prendre les livres	...

3 **Écoute. Tu entends a ou b ?** | Hör zu. Hörst du Satz a oder b?

1. a Je mange des frites. b Je mange tes frites.
2. a On a de la farine ? b On n'a pas de farine ?
3. a Je mange du riz. b Je mange au lit.
4. a J'achète de l'eau. b J'achète trop d'eau.
5. a Il faut dix œufs. b Il faut des œufs.

Partie B

4 **Schreibe für deinen Partner / deine Partnerin sechs Sätze mit dem Verb *mettre* auf: Verstecke darunter zwei Quatsch-Sätze. Tauscht eure Hefte und findet die Quatsch-Sätze!** ▶ Verbes, p. 130

Je		la table.	dans la salade.
Tu		un paquet de gâteaux	dans le sac.
Il/Elle		du jambon	sur la table.
On		du poisson	dans le gâteau au chocolat.
Nous	*mettre*	des verres	sur l'étagère.
Vous		une bouteille d'eau	dans la sauce.
Ils/Elles		des œufs	avec les pâtes.
		du sucre	dans le gratin.
J'aime		de la viande	
Il faut		—	—

5 **Qu'est-ce qu'il faut pour faire des crêpes ?** | Sieh dir die Zeichnung an und sage, was du brauchst (und nicht brauchst), um *crêpes* zu machen. ▶ Grammaire, p. 75/1

Pour faire des crêpes, il faut	du de la de l' des	chocolat. lait. pain. riz.
Mais il ne faut pas	de d'	sel. sucre. farine. pâtes. œufs.

6 **Répétez les virelangues.** | Wiederholt die Zungenbrecher. Wer sagt sie am schnellsten?

Die Aussprache verbessern: Nehmt euch beim Nachsprechen auf und vergleicht eure Aufnahmen untereinander.

J'achète du gâteau,
de l'eau et beaucoup
de cadeaux.

Ma sœur mange un œuf
et tes sœurs mangent
des œufs.

7 **Écoutez et chantez la chanson.**

Pour la mousse au citron[1],
il faut des œufs,
il faut du sucre,
il faut deux citrons
et le zeste d'un citron[2].
Ah bon ? Ah bon ?
Il faut des citrons
pour la mousse au citron ?
Mais oui, bien sûr !
Pour la mousse au citron,
il faut deux citrons
et le zeste d'un citron !

1 **le citron** die Zitrone 2 **le zeste d'un citron** die Zitronenschale

Vocabulaire : La liste des courses

ERKLÄRFILM

1 a **Regarde la vidéo.** | Sieh dir das Video „La liste des courses“ an und beschrifte die Zeichnungen in deinem *Carnet d'activités*.

Deinen Wortschatz erweitern: Ergänze deine persönliche Vokabelliste mit Lebensmitteln, die du lecker findest. ▶ Banque de mots, p. 154 ▶ Online-Wörterbuch

b **Travaillez à deux.** | A zeigt auf die Lebensmittel in der Zeichnung. B benennt sie. Tauscht dann die Rollen.

2 **Wähle die Gruppe Ⓐ oder Ⓑ. Ordne die Lebensmittel aus dem Bild oben zu.**

Wörter durch Ordnen lernen: Ordne Wörter in Gruppen, um sie dir besser zu merken.

Ⓐ

des fruits	des légumes	de la viande	des produits laitiers	des boissons

Ⓑ

Miam !	Bof !	Beurk !

3 **Oups ! Il y a un problème avec la liste des courses de Gabriel ! Retrouve les mots.** | Finde die Wörter auf Gabriels Einkaufsliste wieder.

4 **Devinez.** | Denkt an ein Lebensmittel und ratet abwechselnd.

Exemple : – C'est blanc ? – Non. – C'est orange ? – Oui.
– C'est un potiron ? – Non. – C'est une carotte ? – Oui.

Hier siehst du dir ein Back-Tutorial an.

La recette des madeleines

#Regarder la vidéo de la recette

Il faut :

 250 grammes de sucre

 300 grammes de farine

 150 grammes de beurre

 1 paquet de levure

 4 œufs

 un peu de miel

 un peu de sel

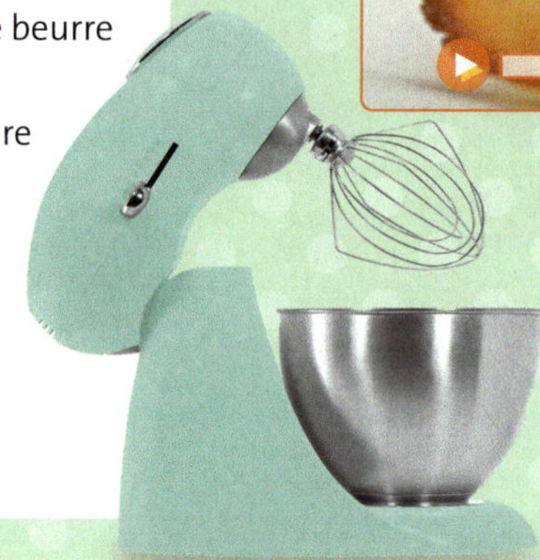

Difficulté :

Prix :

Commentaire :

1 **Prépare le visionnage.** | Lies die Liste der Zutaten und sieh dir die Einkaufskörbe an. Wer hat für Madeleines eingekauft?

Pierre

Elina

Yassine

Lucie

2 a **Regarde la vidéo et note l'ordre des ingrédients.** | Sieh dir das Video an. In welcher Reihenfolge fügt man die Zutaten hinzu? Schreibe die Zutaten in der richtigen Reihenfolge auf.

b **Was muss man mit dem Teig machen, bevor man ihn in der Form in den Ofen schiebt?**

3 **Explique la recette en allemand.** | Du möchtest mit einem Freund *madeleines* für den Tag der offenen Tür an eurer Schule backen. Erkläre ihm das Rezept auf Deutsch.

4 **À vous ! Préparez des madeleines.** | Probiert das Rezept aus. Ihr könnt auch euer eigenes Backvideo drehen!

Madeleines sind ein typisch französisches Gebäck, das oft zum goûter gegessen wird. Der goûter ist eine süße Zwischenmahlzeit am Nachmittag. Isst du nachmittags auch gerne mal etwas Süßes?

Le petit-déjeuner dans le monde entier

C'est important pour bien commencer la journée ! Qu'est-ce qu'il y a sur la table et dans les bols ?

Guillaume
Lausanne (Suisse)

1 Au petit-déjeuner, je prends des céréales avec un peu de lait, de la banane et un verre de jus d'orange. Parfois, je mange aussi un yaourt.

Pauline
Toulouse (France)

2 Pour moi, le petit-déjeuner, c'est super important ! Je prépare un bol de chocolat chaud et deux tartines avec un peu de beurre et beaucoup de confiture. Miam, c'est bon !

Enzo
Montréal (Québec)

3 Moi, au petit-déjeuner, je prends un bol de muesli avec du lait ou du yaourt. Je mange souvent une pomme aussi. Voilà !

Lucie
Bruxelles (Belgique)

4 J'adore le petit-déjeuner le dimanche parce que, dans ma famille, on mange toujours des croissants et on reste longtemps à table. Pendant la semaine, le petit-déjeuner dure cinq minutes et puis, c'est fini ! Mais le dimanche, c'est génial !

Rokia
Abidjan (Côte d'Ivoire)

5 Le matin, avant le collège, je mange toujours du riz avec de la sauce arachide. C'est super bon !

le petit-déjeuner das Frühstück **le monde entier** die ganze Welt **le bol** die (Trink-)Schale **les céréales** die Cornflakes **la tartine** die Scheibe Brot **longtemps** lange **durer** dauern **la sauce arachide** die Erdnusssoße

1 **Qui prend quoi au petit-déjeuner ?** | Wer isst was zum Frühstück? Ergänze die Tabelle.

Guillaume	Pauline	Enzo	Lucie	Rokia

2 **Comparez vos petits-déjeuners avec les petits-déjeuners de Guillaume, Pauline, Enzo, Lucie et Rokia.**

Au petit-déjeuner, je prends __.
Comme (Lucie), je prends __ au petit-déjeuner.
Parfois, je mange aussi __.
Le week-end, j'adore manger __.

En cours de français

1 **Qu'est-ce qu'on dit dans ces situations ? Lis le texte et trouve les bonnes expressions.** | Was sagt man in diesen Situationen? Lies den Text und finde die richtigen Ausdrücke.

a. Du fragst, ob du das Fenster öffnen kannst.
b. Du fragst, ob du dran bist.
c. Du bittest um zwei Minuten mehr Zeit.
d. Du weißt nicht, was ihr machen müsst.
e. Du fragst, welcher Tag heute ist.
f. Du sagst, dass dein Tablet nicht funktioniert.
g. Du sagst, dass ihr Dienstag einen Mathetest schreibt.
h. Du sagst, dass du deine Kopfhörer nicht dabei hast.

2 **Choisis ton « top 5 ».** | Lies dir die Sätze der Schüler/-innen noch einmal durch. Wähle deine „Top 5" und lerne sie auswendig.

> Welche Ausdrücke brauchst du häufig? Was findest du wichtig, um dich im Klassenraum auf Französisch zu unterhalten?

3 **La prof de français donne des devoirs. Écoute et note.** | Die Französischlehrerin gibt Hausaufgaben auf. Was müsst ihr zu wann (*lundi*, *mercredi*, *vendredi*) machen? Hör zu und schreibe die Hausaufgaben auf.

> Verwende in deinen Notizen typisch französische Abkürzungen!
> ex. = exercice | n° = numéro | p. = page

4 **À vous ! Imaginez une scène de cours et jouez-la.** | Denkt euch eine Unterrichtsszene aus und spielt sie vor.

Lire et comprendre

1 **À la cantine : qui va prendre quel menu ? Lis et réponds.** | Wer nimmt welches Menü? Lies und ordne zu.

Lisa

Karim

Pierre

Samira

Écouter et comprendre

2 **a** **Écoute et choisis les bonnes courses.** | Hör zu und finde heraus, was Noam einkaufen soll. Welches Bild passt?

A

B

C

b **Vrai ou faux ? Écoute encore une fois.** | Hör noch einmal zu und lies die Aussagen. Sind sie richtig oder falsch?

1. La mère rentre à 19 heures 30.
2. Noam a faim.
3. Il veut manger de la pizza.
4. Il aime les légumes.

Écrire

3 **Réponds à l'invitation.** | Du hast diese Einladung zu einer Feier erhalten, aber leider kannst du nicht hingehen. Sage Éric in einer Nachricht ab und beachte dabei folgende Punkte:

- Begrüße Éric und bedanke dich für die Einladung.
- Sage, dass und warum du nicht kannst. Sage, dass es dir leid tut.
- Mache einen neuen Vorschlag für ein Treffen und frage, ob er passt.
- Verabschiede dich.

> Salut ! Vendredi, Sarah fait une fête dans le parc du château. Ça te dit ? Rendez-vous à 16 heures à la station de métro « Château ». À plus ! Éric
> 16:24

Médiation

4 **Du hast diese E-Mail von deiner Austauschpartnerin Islème erhalten, die bald zu dir kommt. Deine Eltern wollen gerne wissen, was sie nicht isst und ob sie Allergien hat. Hinterlasse ihnen eine Kurznachricht auf Deutsch.**

> Objet : Coucou de Bordeaux
>
> C'est moi, Islème, ta corres ! Ça va ?
> On arrive dans deux semaines à Stuttgart et je trouve que c'est génial ! Écoute, c'est important : j'adore manger mais je n'aime pas la viande comme les steaks, par exemple. Je ne sais pas pourquoi, je n'aime pas le goût… Je ne suis pas végétarienne, alors je mange du poisson ou du jambon, par exemple. C'est un peu compliqué, je suis d'accord ! Désolée. Mais je n'ai pas d'allergie.
> Est-ce que j'apporte des bonbons de France ? Ça te dit ? Tu veux goûter ?
> A+ Islème

Parler

5 **Donnez-vous rendez-vous.** | Verabredet euch. Verteilt die Rollen und los geht's!

A

1. Begrüße B.
3. Frage B, wo er/sie hingeht.
5. Sage, dass du leider nicht kannst, weil du Basketball hast.
7. Frage B, ob er/sie Samstag Zeit hat und ob ihr ins Kino gehen wollt.
9. Sage B, dass ihr euch um 16 Uhr bei dir trefft. Frage, ob das so passt.
11. Verabschiede dich von B.

B

2. Begrüße A.
4. Antworte, dass du zum Skatepark gehst. Frage A, ob ihr zusammen hingehen wollt.
6. Sage, dass das schade ist.
8. Antworte A, dass das eine super Idee ist! Frage A, um wie viel Uhr ihr euch treffen wollt.
10. Sage, dass das klappt und verabschiede dich.

Unité 5

Qu'est-ce que tu vas faire pendant les vacances ?

C'est les vacances !

Je vais prendre le train pour aller chez mes grands-parents.

à Blois

Je vais aller à la plage et manger des glaces en Guadeloupe !

en Guadeloupe

Avec ma famille, nous allons visiter les châteaux de la Loire.

à Chambord

Nach dieser Unité kannst du:

☑ über deine Ferien sprechen.

☑ eine Postkarte/Nachricht schreiben.

Dafür lernst du:

– über das Wetter zu reden.
– über Ferienaktivitäten zu sprechen.
– zu beschreiben, was du in den Ferien gemacht hast.

– Je voudrais retrouver (mes amis/amies) et aller (à la piscine). Et toi ?
– Moi, je préfère aller (à la plage) et manger (des glaces). Et toi ?
– Moi, j'aimerais faire (du camping) et (des balades).

1 a **Survolez les pages.** | Überfliegt die Doppelseite. Worum geht es in dieser *Unité*?

b **Was bedeuten diese Wörter? Wie seid ihr darauf gekommen? Tauscht euch aus.**

le train | la plage | le château | le VTT

c **Trouve les endroits sur les cartes.** | Finde die sieben Orte auf den Karten vorne und hinten in deinem Buch.

2 **Qui va où ? Écoute et réponds.** | Wer fährt wohin? Wer hat noch keine Pläne? Hör zu und antworte.

3 **Qu'est-ce que vous voulez faire pendant les vacances ?** | Was wollt ihr gerne in den Ferien machen? Tauscht euch aus. ▶ Kasten, S. 86, unten rechts

Il fait quel temps en Guadeloupe ?

Lire et comprendre

1 **Survole le chat. Qui chatte avec qui ? Où est-ce qu'elles sont ? Réponds.** | Überfliege den Chat. Wer chattet mit wem? Wo sind die Personen?

In der Karibik ist die Luftfeuchtigkeit sehr hoch. Es ist heiß und schwül.

Lili-Rose

Jeanne
Salut Lili-Rose ! Il est quelle heure en Guadeloupe ? 17:59

Lili-Rose
Salut Jeanne ! Ici, il est midi ! 18:00

Jeanne
Et il fait quel temps chez toi ? 18:01

Lili-Rose
Il fait 32 degrés ! Je voudrais aller à la plage mais j'peux pas ! L'après-midi, il fait trop chaud. Alors maintenant, je reste à la maison. C'est nul ! 18:04

Jeanne
Mais non, c'est pas grave ! Tu peux jouer sur ton portable et chatter avec tes amis ! 18:05

Lili-Rose
Oui, c'est vrai ! Et à Paris, il neige ?! 🥶 😂 18:07

Jeanne
Hahahahaha. Non, mais aujourd'hui, il pleut et il fait un peu froid. On ne peut rien faire avec ce temps. 😭 18:09

Lili-Rose
C'est nul ! 18:10

Jeanne
Mais ce soir, je vais au cinéma. Je suis super contente ! 18:12

Jeanne
Et demain, il va faire beau ! Je vais aller à la piscine Joséphine Baker avec Gabin. 18:13

Lili-Rose
Ah, c'est sympa ! 18:13

Jeanne
Est-ce qu'il fait chaud aussi la nuit en Guadeloupe ? 18:16

Lili-Rose
La nuit, ici, il fait 20 degrés. Le soir, on mange parfois dehors et on fait souvent des balades. C'est génial ! 18:17

Lili-Rose
Et toi, tu restes à Paris en juillet ET en août aussi ?! 18:18

Jeanne
Cette semaine, Gabin est encore là. Alors c'est cool. Et après… T'inquiète ! Je vais trouver quelque chose ! 18:20

2 a **Vrai ou faux ?** | Richtig oder falsch? Lies den Chat (S. 88) und antworte. Korrigiere die falschen Sätze.

1. Lili-Rose veut aller à la plage, mais elle ne peut pas parce qu'il fait chaud.
2. Lili-Rose trouve que jouer sur son portable et chatter avec les copains, c'est une bonne idée.
3. Aujourd'hui, à Paris, il fait beau.
4. Ce soir, Jeanne va regarder un film.
5. Jeanne est contente parce que Gabin est encore à Paris.

b **Wie viele Stunden Zeitunterschied bestehen zwischen Frankreich und Guadeloupe? Finde die Antwort im Chat.**

S'entraîner au dialogue

3 a **Écoute et répète après le signal sonore.** | Hör zu und sprich nach dem Tonsignal nach.

b **C'est les vacances. Il fait quel temps ? Qu'est-ce que vous faites ? Faites des mini-dialogues.**

Exemple : **A :** Il fait quel temps ? **B :** Il fait froid.
A : Qu'est-ce que tu fais alors ? **B :** Je visite un musée !

Écouter et comprendre

4 **Il fait quel temps ? Écoute et complète.** | Hör zu und ergänze die Tabelle.

	temps ?	degrés ?
à Paris	☼	
en Auvergne		
à Marseille		
à Brest		

Mache dir beim Hören **Notizen**. Damit es schneller geht, verwende auch Symbole, z. B.: ☼ ☁. Wenn du etwas verpasst, lasse eine Lücke und hör weiter zu. Die Lücke schließt du beim nächsten Hören.

Mini-tâche : Parler

5 **À vous ! Parlez de vos vacances.** | Sprecht in einem Videoanruf über eure Ferien. Arbeitet mit einem Sprechfächer. ▶ Méthodes, p. 123/2.1 ▶ p. 119

A

Salut/Bonjour (*Name*) !

B

Salut/Bonjour (*Name*) !

A

Tu es où ?

B

- Je suis à Paris/Chambord/Blois/__ !
- Je suis en France/Auvergne/Tunisie/__ !
- Je fais une colo (en Allemagne) !

A

Ah, c'est sympa !
Tu es avec qui ?

B

- Je suis avec mes parents / mes amis/amies / __.
- Je suis chez mes grands-parents / mes cousins/cousines / __.

A

Ah, d'accord !
Et il fait quel temps ?

B

- Il fait beau / chaud / froid.
- Il fait (25) degrés.
- Il pleut.
- Il neige.

A

Et qu'est-ce que tu fais ?

B

- Je fais (du camping) et (du VTT).
- (Mes parents) et moi, on (mange des glaces) et on (va à la plage).

- C'est cool/super/génial/sympa !
- Je suis super content/contente !
- C'est nul ! / C'est la cata !
- Ce n'est pas mon truc.

Weitere Aktivitäten findest du auf Seite 159.

A

- C'est cool/super/génial/sympa !
- C'est dommage ! / Mince !

B

Et toi, tu es où ?

Ab hier fangt ihr mit vertauschten Rollen wieder von oben an.

☑ Jetzt kannst du über deine Ferien sprechen.

Messages de vacances

1 Schickt ihr Postkarten, Fotos oder andere Nachrichten aus den Ferien? Wenn ja, an wen? Wovon erzählt ihr? Tauscht euch aus.

Lire et comprendre

Salut Gabin! 16 juillet

La colo en Auvergne, c'est super! J'adore la montagne. Vendredi, nous avons fait de l'escalade. Samedi, nous avons fait une balade en VTT sur un volcan. C'était génial! Les volcans en Auvergne sont super. Mais depuis dimanche, il pleut et il fait froid! Alors nous avons écouté de la musique et nous avons mangé des pizzas ensemble. Après, on a regardé un film. C'était cool. Et hier, on a fait la fête! Moi, j'ai fait des photos. C'était sympa! Et toi, ça va? Vous avez organisé vos vacances? À plus! Idriss

Gabin Morel
10 rue de Picpus
75012 Paris

Je suis arrivée en Guadeloupe dimanche!

Lundi, mes cousines et moi, nous sommes allées à la plage.

Hier, on a fait une balade sur le volcan. C'était super!

C'est quoi?? On a eu peur! Mais non... C'est un iguane! Il est cool!

Samedi soir, nous avons fait un pique-nique sur la plage avec mes cousins et cousines. Nous sommes rentrés très tard.

Aujourd'hui, mon père est resté à la maison et il a préparé un flan de coco. C'était bon!

2 a **Lis la carte postale et les messages, p. 91. C'est Idriss ou Lili-Rose ? Réponds.** ▶ p. 120

1. ? a fait du sport dehors vendredi et samedi.
2. ? est allé/allée à la plage.
3. ? a fait une balade sur un volcan.
4. ? a fait des photos d'animaux.
5. ? a fait des photos de la fête de sa colo.
6. ? a goûté un dessert de son père.

b **Et vous ? Auvergne ou Guadeloupe ?** | An welchem der beiden Orte würdet ihr euren Urlaub verbringen wollen? Warum? Tauscht euch aus.

S'entraîner au dialogue

3 a **Entraîne-toi à la prononciation. Écoute et répète.** | Trainiere deine Aussprache. Hör zu und sprich nach.

b **Posez des questions et répondez.** | Was habt ihr am Wochenende gemacht? Stellt Fragen und antwortet.

Qu'est-ce que tu as fait ce week-end ?

Sage auch, wie es war:
C'était génial/sympa/cool !
C'était nul ! / C'était la cata !

j'ai regardé • j'ai mangé • j'ai fait • je suis allé/allée • je suis resté/restée

du sport • une glace • un film • à la piscine • à la maison • au parc • une série • des crêpes

Découvrir le passé composé

4 a **Lies die beiden Sätze und ordne sie jeweils dem passenden Bild zu. Welcher Satz beschreibt ein Ereignis in der Gegenwart und welcher ein Ereignis in der Vergangenheit? Woran erkennst du das?**

A Lili-Rose **a mangé** une glace.

B Lili-Rose **mange** une glace.

1

2

b **Passé ou présent ? Écoute.** | Vergangenheit oder Gegenwart? Notiere, welchen Satz du hörst.

1. a J'ai préparé mon plat préféré.	b Je prépare mon plat préféré.
2. a Ils ont fait leurs devoirs.	b Ils font leurs devoirs.
3. a Nous avons regardé un film.	b Nous regardons un film.
4. a Elle est restée à la maison.	b Elle reste à la maison.
5. a Je n'ai pas travaillé dans ma chambre.	b Je ne travaille pas dans ma chambre.
6. a On n'est pas allés à la plage.	b On ne va pas à la plage.

5 a Wie werden diese Formen der Vergangenheit gebildet? Vergleicht mit dem Deutschen und ergänzt die Regel (Kasten rechts).

1. arbeiten: Ich habe gearbeitet. → travailler : J'ai travaillé.
2. lachen: Wir haben gelacht. → rigoler : On a rigolé.
3. spielen: Sie haben gespielt. → jouer : Ils ont joué.
4. bleiben: Er ist geblieben. → rester : Il est resté.

Das *passé composé* wird mit den Verben ? oder ? gebildet. Auf diese Hilfsverben folgt das Partizip des eigentlichen Verbs, z. B. *joué*.

b Ergänze die fehlenden Formen im *passé composé*. Beschreibe, wie du sie gebildet hast.

j'ai travaillé	nous ?
tu ?	vous ?
il/elle/on ?	ils/elles ont travaillé

S'entraîner

6 a Avoir ou être ? | Haben oder sein? Ordne die deutschen Sätze den passenden französischen Sätzen zu. Wähle anschließend für die französischen Sätze das richtige Verb aus. ▶ Grammaire, p. 97

Orientiere dich am Deutschen. So weißt du, welches Verb passt, z. B.: er hat gehört → il a écouté
er ist gegangen → il est allé

1. Ich habe Fotos gemacht.	a. J'ai / Je suis fait des photos.
2. Er hat gelacht.	b. Nous avons/sommes arrivés hier.
3. Sie sind zum Strand gegangen.	c. Tu as/es fait du basket ?
4. Sie sind drei Wochen in Paris geblieben.	d. Elles ont/sont restées trois semaines à Paris.
5. Hast du Basketball gespielt?	e. Il a/est rigolé.
6. Wir sind gestern angekommen.	f. Ils ont/sont allés à la plage.

b Hör dir jetzt die Sätze an und überprüfe deine Antworten.

7 **Qui a écrit ces messages ? Reliez.** | Wer hat diese Nachrichten geschrieben? Ordnet sie den Personen zu und ergänzt die Beispiele im Kasten. ▶ Grammaire, p. 96/2

Je suis arriv ? . (boy)
Je suis arriv ? . (girl)
Nous sommes arriv ? . (two boys / boy and girl)
Nous sommes arriv ? . (two girls)

- Léa
- Léa et Mara
- Mara et Luc
- Luc

Hier, nous sommes **allées** à la plage. 19:15

Je suis arriv**é** à Paris ! 10:30

Je suis rest**ée** au collège et j'ai fait les devoirs. 17:30

Nous sommes rentr**és** à la maison. 15:45

8 a **Pendant les vacances, Jeanne est restée à Paris. Qu'est-ce qu'elle a fait hier ? Complète.** ▶ Grammaire, p. 96/2

1 D'abord, j' ? ? un fruit. (*mangé*)

2 Ensuite, je ? ? au supermarché. (*allée*)

3 Là, j' ? ? des œufs, de la farine et du lait. (*acheté*)

4 Après, j' ? ? Gabin à la maison. (*invité*)

5 Nous ? ? des crêpes ensemble. (*préparé*)

6 L'après-midi, nous ? ? à la piscine. (*allés*)

7 Nous ? ? une heure dans l'eau ! (*restés*)

8 Nous ? ? beaucoup de photos. (*fait*)

b **Et toi ? Qu'est-ce que tu as fait le week-end ? Écris six phrases. Tu peux utiliser les verbes de a.**

c **Donne une structure à ton texte.** | Strukturiere jetzt deinen Text mithilfe von Zeitangaben. Wähle pro Satz eine der folgenden Zeitangaben:

Hier • Samedi/Dimanche

D'abord • Après • Ensuite • Pour finir

Le matin • À midi • L'après-midi • Le soir • À (6) heures

Mini-tâche : Écrire

9 a Tu es en vacances. Écris une carte postale à ton/ta corres. | Du bist im Urlaub. Schreibe deinem/deiner Austauschpartner/-in eine Postkarte. Beachte folgende Hinweise: ▶ p. 121

- Wähle ein Urlaubsziel in Frankreich aus. ▶ Carte de France
- Nutze die Postkarte von Idriss (S. 91) als Modell. Notiere dir vorab zwei Sätze, die dir richtig gut gefallen und verwende sie in deiner Postkarte.
- Beschreibe mindestens drei Aktivitäten, die du unternommen hast.

Datum	(23) juillet/août/__			
Begrüßung	Salut/Coucou (Nathan) ! Ça va ?			
Einleitung	Je suis	• à (Paris) • en (France)	avec	• mes parents / mes amis. • mon frère / ma sœur.
	C'est super/sympa/cool/génial/nul (ici). Je suis super content/contente !			
Wetter ▶ S. 157	Il (ne) fait (pas)	(très) beau.		
	Il fait	(un peu / très) froid. (très/trop) chaud.		
	Il (ne) pleut (pas).			
Aktivitäten ▶ S. 159	• Hier, • Lundi/Mardi/..., • Le week-end, • Le matin, • L'après-midi, • Le soir, • D'abord, • Après, • Ensuite,	j'ai on a	**visité** (un château). **regardé** (un film). **mangé** (une glace). **fait** (du VTT). **eu** (une bonne idée).	
		je suis	arrivé/arrivée (à Blois). allé/allée (à la plage). resté/restée (à la maison).	
Meinung äußern	C'était	• cool/super/génial/sympa/drôle/bien ! • nul / la cata !		
Fragen stellen	• Et toi, tu es où ? • Il fait quel temps chez toi ? • Qu'est-ce que tu fais pendant les vacances ?			
Sich verabschieden	À plus ! / Salut ! (+ *dein Name*)			

Beim Schreiben: Strukturiere deinen Text. So kann man dir beim Lesen besser folgen.

Du kannst auch digital über deinen Urlaub berichten! Kommentiere verschiedene Fotos, wie Lili-Rose (S. 91).

b Tauscht eure Postkarten aus. Prüft, ob euer Partner / eure Partnerin alle Hinweise beachtet hat. Tauscht eure Postkarten wieder zurück und arbeitet das Feedback ein.

☑ Jetzt kannst du eine Postkarte/Nachricht schreiben.

GH 24 1 Die Demonstrativbegleiter *ce/cet/cette/ces* → Du weist auf etwas Bestimmtes hin.

ce matin	heute Vormittag *wortwörtl.:* dieser Vormittag
cet‿après-midi	heute Nachmittag *wortwörtl.:* dieser Nachmittag
cette plage	dieser Strand
ces‿animaux	diese Tiere
ces montagnes	diese Berge

GH 25 2 Das *passé composé* → Du sprichst über Vergangenes.

konjugierte Form von *avoir* oder *être* im *présent* + Partizip = *passé composé*

Mit *avoir*

ERKLÄRFILM

Ils **ont visité** un château.

j'	ai	acheté	ich habe gekauft
tu	as	acheté	du hast gekauft
il/elle on	a	acheté	er/sie hat gekauft wir haben gekauft
nous	avons	acheté	wir haben gekauft
vous	avez	acheté	ihr habt gekauft
ils ils elles	ont	acheté	sie haben gekauft

Mit *être*

ERKLÄRFILM

je	suis	allé/allée	ich bin gegangen
tu	es	allé/allée	du bist gegangen
il elle on	est	allé allée allés/allées	er ist gegangen sie ist gegangen wir sind gegangen
nous	sommes	allés/allées	wir sind gegangen
vous	êtes	allés/allées	ihr seid gegangen
ils ils elles	sont	allés allés allées	sie sind gegangen

GH 18

avoir oder *être*

Das *passé composé* bildet man wie das Perfekt im Deutschen:
ich **habe** gesprochen j'**ai** parlé

1 il **est** allé/passé er **ist** gegangen/vorbeigegangen
2 il **est** arrivé er **ist** angekommen
3 il **est** resté er **ist** geblieben
4 il **est** rentré er **ist** nach Hause gegangen

GH 19
ERKLÄRFILM

Das Partizip Perfekt

Je **suis allée** au parc avec Benoît.
On **a fait** un pique-nique.

Verben auf *-er*		unregelmäßige Verben	
arriver	→ arrivé	aller	→ allé
préparer	→ préparé	faire	→ **fait**
regarder	→ regardé	avoir	→ **eu**
rester	→ resté	être	→ **été**
visiter	→ visité	prendre	→ **pris**
usw.		mettre	→ **mis**
		pouvoir	→ **pu**
		vouloir	→ **voulu**

Mit *être* wird das Partizip angeglichen, z. B.:
elle est arrivée sie ist angekommen
ils sont restés sie sind geblieben
elles sont allées sie sind gegangen/gefahren

GH 20
ERKLÄRFILM

Die Verneinung im *passé composé*

Nous ne sommes pas allés en Guadeloupe.
Nous n' avons pas visité le volcan.

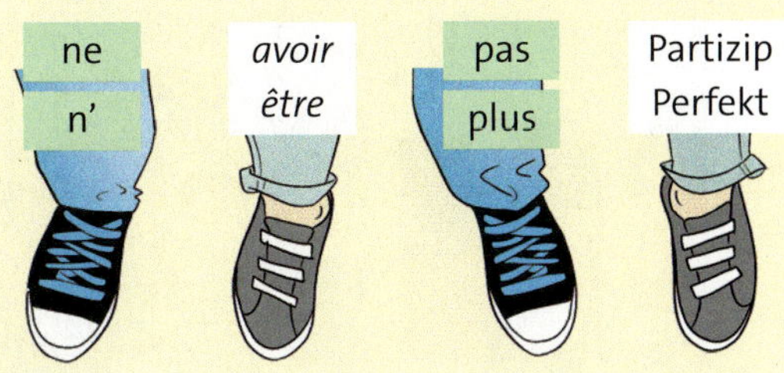

Lerne die wichtigsten Sätze der Unité 5. ▶ Expressions utiles, p. 165–166

Partie A

1 a **Note ces noms dans le tableau.** | Wenn du über etwas Bestimmtes sprichst, benötigst du die Demonstrativbegleiter *ce/cet/cette/ces*. Schreibe die Wörter mit ihren passenden Demonstrativbegleitern in die richtige Spalte. Wann verwendest du welche Form?

château • collège • maison • plage • vacances • après-midi • animal • photos • atelier • colo • maillot • musées

ce	cet	cette	ces
ce temps	cet‿exercice	cette idée	ces‿invitations

b **J'échange[1] cet atlas contre ce portable.** | Wählt je drei Gegenstände zum „Tauschen". Legt sie gut sichtbar vor euch hin. Dann spielt, dass ihr sie tauscht. ▶Grammaire, p. 96/1

Exemple : **A :** J'échange ce cahier contre cet animal. D'accord ?
B : D'accord. / Non, mais j'échange ce cahier contre __.

1 **échanger qc** etw. eintauschen

2 **Idriss et Noé sont en vacances. Écoute le dialogue et note les bonnes réponses.**

1. Il fait quel temps en Auvergne aujourd'hui ?
2. Qu'est-ce qu'Idriss va faire ?
3. Il fait quel temps à Blois aujourd'hui ?
4. Qu'est-ce que Noé va faire ?

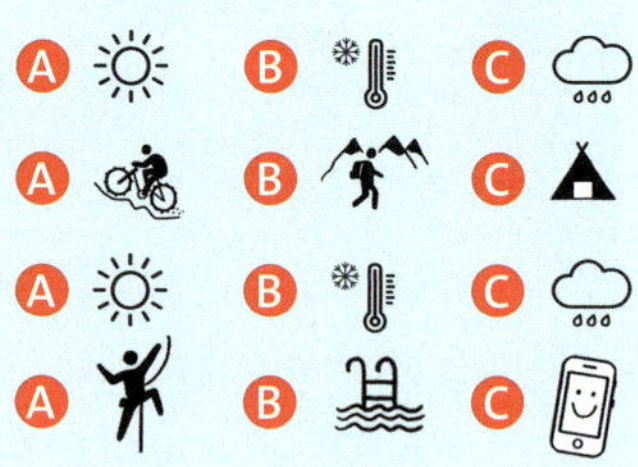

Partie B

3 **Idriss parle d'une fête dans sa colo. Décris.** | Idriss erzählt von einer Feier in seinem Ferienlager. Beschreibe im *passé composé*, was die Jugendlichen gemacht haben. ▶Grammaire, p. 96/2

J'		dansé.
Timéo	ai	chanté.
On	a	fait beaucoup de photos.
Nous	avons	mangé des pizzas.
Louise et Éva	ont	fait de la guitare.
Marc et Isa		bien rigolé.

4 **Qu'est-ce que Malo a fait pendant les vacances ? Choisis les formes correctes.** | Ergänze mit dem Verb *avoir* oder *être*. Gleiche, wenn nötig, das Partizip an. ▶ Grammaire, p. 96/2 ▶ p. 121

Nous ? (*arrivé*) en train.

Nous ? (*cherché*) l'hôtel.

Après, on ? (*allé*) au restaurant.

Dimanche, je/j' ? (*visité*) un musée.

Lundi, on ? (*fait*) une balade.

5 a **Clara raconte son après-midi. Complète.** | Ergänze das Partizip. ▶ Grammaire, p. 97

D'abord, je suis (*aller*) chez ma copine Laura. Je suis (*arriver*) à 14 heures. Nous avons (*travailler*) pour le collège et nous avons (*préparer*) notre présentation.

Après, on a (*faire*) les devoirs de maths. À 17 heures, nous sommes (*aller*) dans un café. Nous avons (*retrouver*) Ibrahim et Thomas. C'était sympa ! Les garçons ont (*prendre*) un coca. Laura et moi, on a (*manger*) une glace. Laura a (*faire*) des photos sur son portable et on a (*rigoler*) !

À 18 heures, Ibrahim, Thomas et Laura sont (*aller*) au parc. Moi, je suis (*rentrer*) chez moi. J'ai (*mettre*) la table et avec mon frère, on a (*préparer*) le repas.

b **Et toi ? Qu'est-ce que tu as fait hier après le collège ? Raconte au passé composé.**

6 **Réponds aux questions.** | Antworte auf die Fragen. Verwende die Verneinung und das *passé composé*. ▶ Grammaire, p. 97/unten

Exemple : Est-ce que Lili-Rose est restée en France ? → Non, Lili-Rose **n'**est **pas** restée en France.

1. Est-ce que Jeanne est allée en Guadeloupe ?
2. Est-ce qu'Idriss est resté à la maison ?
3. Est-ce que Noé est arrivé à Blois en bus ?
4. Est-ce que Gabin a visité le château d'Amboise ?
5. Est-ce que Jeanne a retrouvé Idriss en Auvergne ?
6. Est-ce que Lili-Rose a eu peur des iguanes ?

7 **Du bist mit deinen Eltern und deinem kleinen Bruder (9 Jahre) in Paris. Ihr seht dieses Plakat. Beantworte die Fragen deiner Eltern.**

Ist das ein Konzert? • Wo findet es statt? • An welchem Tag? Um wie viel Uhr? • Wie viel kostet der Eintritt für die ganze Familie? • Was könnte deinen kleinen Bruder interessieren?

8 **Deine Austauschpartnerin Camille kommt diesen Sommer nach Deutschland. Ihr wollt zusammen ein Hip-Hop-Camp besuchen. Lies die Internetseite und schreibe Camille eine E-Mail mit den wichtigsten Informationen für sie.**

vacances du 7 juillet au 2 septembre
♥ la danse, regarder des films, faire du basket, faire la fête
~~♥~~ aller à la plage, le foot

Die Freude am Hip-Hop entdecken und erleben

Tanzt ihr schon Hip-Hop? Oder möchtet ihr es mal ausprobieren? Während unseres einwöchigen Camps werdet ihr von unseren coolen Tanzprofis und Animateuren angeleitet. Vormittags finden die Tanz-Workshops statt. Nach dem Mittagessen gibt es noch einmal zwei Stunden Tanzen: Da arbeiten wir an der Choreografie, die wir aufführen werden. Und ab 16:30 Uhr könnt ihr andere großartige Aktivitäten ausprobieren, wie z. B. Volleyball, Tischtennis, Fußball ... Aber keine Sorge, ihr könnt auch einfach Pause machen, am Strand liegen oder Filme schauen. Abends treffen wir uns bei Lagerfeuer und Party oder ihr entspannt euch gemütlich im Gruppenraum. Am Ende der Woche laden wir eure Eltern und Freunde/Freundinnen zur großen Abschlussvorführung ein.

Wohin geht die Reise? Nach Boltenhagen, nicht weit weg von Lübeck. Direkt an der Ostsee haben wir eine Unterkunft, die für uns auch das Essen bereitstellt.

Wann? 23. bis 30. Juni oder 11. bis 18. August

Seid ihr dabei? Wir würden uns sehr freuen, mit euch wunderschöne Ferien zu verbringen! Meldet euch an – die Kosten findet ihr in der Preisliste.

Anmeldung | Preisliste

Vocabulaire : Pendant les vacances

ERKLÄRFILM

1 **Regarde la vidéo et écoute. Puis, répète.** | Sieh dir das Video an und präge dir die Wörter noch einmal ein. Sieh dir dann die Karaokeversion des Films an und sprich nach.

2 **Qu'est-ce qui va ensemble ? Retrouve les expressions.** | Welche Ergänzungen passen zu welchem Verb? Ordne zu.

des musées • le métro • du camping • en France • à la piscine • des châteaux • de l'escalade • au cinéma • du shopping • des photos • du VTT • à la plage • le bus • chez ses grands-parents • au restaurant

Lerne Vokabeln in zusammenhängenden Wendungen. So kannst du leichter ganze Sätze mit ihnen bilden.

La France en vidéo

Hier erfährst du mehr über die Ferienpläne von Jeanne und Gabin.

1 **Prépare le visionnage.** | Bereite dich auf das Video vor, indem du die Sätze ergänzt. ► S. 86–87

1. Pendant les vacances, Jeanne va rester à ? .
2. D'abord, Gabin est à ? . Après, il va visiter les ? de la Loire avec ? .

2 **Regardez la vidéo et répondez.** | Seht euch das Video bis 00'45" an und antwortet.

1. Avant[1] le message, Jeanne et Gabin… Ⓐ sont contents. Ⓑ ne sont pas contents.
2. Après le message, Jeanne et Gabin… Ⓐ sont contents. Ⓑ ne sont pas contents.

[1] **avant** vor

3 a **Lisez ces trois messages.** | Lest diese drei Nachrichten.

> Coucou les amis ! Je vais aller à Paris ce week-end ! On fait un truc ensemble ? Un pique-nique ou un film, ça vous dit ? Bisous ! Pia 10:25

> Salut Jeanne ! Salut Gabin ! Venez en vacances à Blois ! Mes grands-parents sont d'accord. La maison est grande ! Ça va être génial ! Bisous, Noé 10:25

> Salut ! Des vacances en Auvergne, ça vous dit ? En juillet, après la colo, je vais retrouver mes parents dans une maison. On peut faire du camping dans le jardin ! À plus ! Idriss 10:25

b **Continuez la vidéo.** | Seht euch das Video bis 01'16" an. Welche Nachricht von a haben die beiden erhalten?

c **Choisissez le bon dessin.** | Was haben Jeanne und Gabin nun vor? Wählt die richtige Zeichnung aus.

A

B

C

4 **Regardez la vidéo jusqu'à la fin.** | Seht euch das Video bis zum Schluss an. Lest dann das Tagebuch von Jeannes Mutter. Was stimmt nicht? Findet die Fehler und korrigiert sie.

Samedi 6 juillet

J'adore Jeanne et son copain Gabin : ils sont déjà grands ! C'est super. Ils veulent aller chez leur copine à Blois pour dix jours et ils ont tout organisé ! Ils ont trouvé le bon train. Ça va être cher… Mais bon. Ils vont chez la tante de Gabin. Elle a une maison. C'est petit et il y a un jardin. Le père de Gabin est un peu compliqué. On ne rigole pas, c'est dommage. Mais maintenant, il est d'accord. Je suis contente !

5 **Vous voulez aussi aller à Blois et à Chambord ? Faites le rallye dans votre *Carnet d'activités* !**

À la gare

Jeanne et Gabin sont dans le train !

Les parents sont d'accord ! Alors Jeanne et Gabin prennent le train pour aller à Blois chez Noé.

Départs — **SNCF**

	n°	Heure	Destination	Voie
TGV	4089	**14 h 08**	**Nantes** Massy TGV • Le Mans • Angers St Laud	retard 20 min.
TER	14049	**14 h 36**	**Orléans** Étampes • Angerville • Toury	8
Intercités	1433	**14 h 45**	**Tours** Blois • Chaumont-sur-Loire • Amboise	à l'heure
Intercités	3645	**15 h 01**	**Toulouse** Limoges • Brive-La-Gaillarde • Caussade	à l'heure

le départ die Abfahrt **la destination** das Ziel **la voie** das Gleis

1 a **À quelle heure est le train de Jeanne et Gabin ? Note.** | Lies die Texte und die Anzeigetafel. Welchen Zug nehmen Jeanne und Gabin? Um wie viel Uhr?

b **Écoute l'annonce.** | Hör dir die Durchsage an. Von welchem Gleis fährt ihr Zug ab?

MK **2** **SNCF, TER, TGV, Intercités… Qu'est-ce que c'est ? Fais une recherche et explique en allemand.**

FR DE **3** **Du bist auf dem Bahnhof in Paris. Es ist 14 Uhr. Beantworte die Fragen deutscher Touristen mithilfe des Fahrplans.**

1. Wann fährt der nächste Zug nach Orléans?
2. Von welchem Gleis fährt er ab?
3. Ist es ein Schnellzug?

In Frankreich wird das Gleis, von dem der Zug abfährt, erst 20 Minuten vor Abfahrt auf einer Anzeigetafel bekanntgegeben. Erst dann geht (oder rennt) man zum Gleis. Wie ist das in Deutschland?

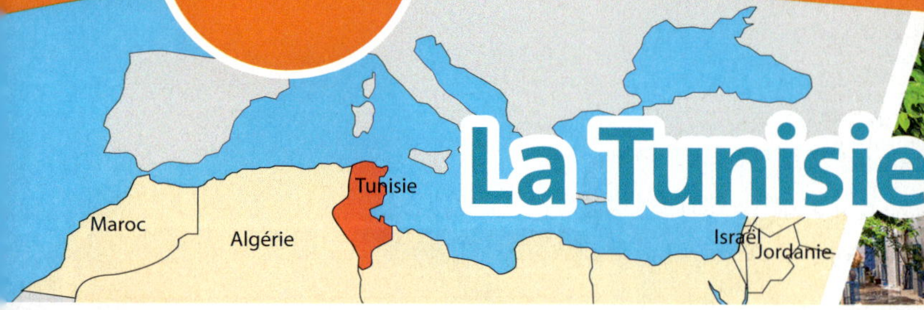

La Tunisie

Géographie : pays au nord de l'Afrique
Capitale : Tunis
Langues principales : l'arabe (langue officielle) et le français
Histoire : indépendance de la France en 1956

1 Au centre-ville se trouve la médina : c'est le centre historique.

2 Les maisons sont bleues et blanches. Les rues sont petites et il y a beaucoup de fleurs de jasmin.

3 Le souk, c'est le marché dans la médina. Le souk de Tunis est très grand.

4 À Carthage, il y a des ruines romaines.

5 Tabarka, c'est un endroit génial pour faire de la plongée.

1 En août, Idriss va en Tunisie avec sa famille. Lis les informations. Où est-ce que tu voudrais aller ? Pourquoi ? Parlez à deux.

Tunesien gehört zu den frankofonen Ländern. Die Frankofonie umfasst Länder und Regionen, in denen Französisch gesprochen wird. Die meisten dieser Länder waren früher französische Kolonien. Heute sprechen weltweit über 255 Millionen Menschen Französisch. Recherchiere fünf Länder oder Regionen, in denen Französisch gesprochen wird.

Wusstest du, dass in Tunesien auch Französisch gesprochen wird?

6 En Tunisie, il y a des plages magnifiques ! Les gens jouent au volleyball et on peut aussi faire du kitesurf.

8 En Tunisie, il y a aussi le désert, des oasis et des montagnes.

7 Goûtez un couscous ! C'est très bon !

9 Ksar Ouled Soltane est dans le sud de la Tunisie. On a filmé le film *Star Wars* ici !

MK **2** **Des mots arabes dans la langue française.** | Es gibt im Französischen viele Wörter arabischen Ursprungs, wie z. B. *le café*, *le sucre* oder *le magasin*. Weitere hört man in der heutigen Umgangssprache. Suche in einem Online-Wörterbuch nach ihrer Bedeutung: *le bled*, *kiffer*, *le toubib*, *le clebs*. ▶ Méthodes, p. 125/4.1

Un peu de poésie

1 **Regardez la vidéo de Marine et Léo.** | Seht euch das Video von Marine und Léo an und besprecht auf Deutsch, wie die Stimmung in der Szene ist und was geschieht.

2 **Lis le poème « Déjeuner du matin » de Jacques Prévert et réponds aux questions.** | Lies das Gedicht „Déjeuner du matin“ und beantworte die Fragen.

Autor: Jacques Prévert (1900–1977)
Beruf: Dichter und Drehbuchautor
Herkunft: Neuilly-Sur-Seine, bei Paris
Berühmt für: seine Gedichte aus dem Gedichtband „Paroles“, seine Liebe zu Wortspielen und zur Umgangssprache

DÉJEUNER DU MATIN

Il a mis le café
Dans la tasse
Il a mis le lait
Dans la tasse de café
Il a mis le sucre
Dans le café au lait
Avec la petite cuillère
Il a tourné
Il a bu le café au lait
Et il a reposé la tasse
Sans me parler
Il a allumé
Une cigarette
Il a fait des ronds
Avec la fumée
Il a mis les cendres
Dans le cendrier
Sans me parler
Sans me regarder
Il s'est levé
Il a mis
Son chapeau sur sa tête
Il a mis
Son manteau de pluie
Parce qu'il pleuvait
Et il est parti
Sous la pluie
Sans une parole
Sans me regarder
Et moi j'ai pris
Ma tête dans ma main
Et j'ai pleuré.

Jacques Prévert, *Paroles*

1. „Sans me parler“ und „Sans me regarder“ kommen mehrmals im Gedicht vor. Was bedeuten diese Zeilen? Welche Wirkung haben sie?
2. Finde im Text, wie man folgende Wörter auf Französisch sagt: der Kaffee, die Tasse, der kleine Löffel, der Hut, der Regenmantel.
3. Finde alle Verben im Gedicht. In welcher Zeitform stehen sie?

Erstelle deine individuelle Wortschatzliste zum Thema „Küche“ und „Kleidung“. Sie sollte mindestens zehn Wörter beinhalten, die du wichtig findest.
► Banque de mots, p. 139 + p. 154 ► Méthodes, p. 122

3 **Écoute et lis le poème.** | Hör dir jetzt das Gedicht an und lies mit. Beim zweiten Hören liest du murmelnd mit.

4 **Lis le poème.** | Eine Schülerin hat ein Gedicht wie Jacques Prévert geschrieben. Lies das Gedicht.

SUR MON LIT

Nous avons chatté
Nous avons parlé
Nous avons regardé des films et
Nous avons bien rigolé
Nous avons fait des photos
Nous avons écouté de la musique
Et puis – plus de batterie[1] !
Alors nous avons travaillé un peu et puis
Nous avons continué[2]

Julia G. (Berlin)

1 **la batterie** der Akku 2 **continuer** weitermachen

5 **À vous ! Écrivez un poème sur le modèle de « Déjeuner du matin ».** | Schreibt zusammen ein Gedicht wie „Déjeuner du matin". Sammelt zuerst gemeinsam Ideen für eine Situation.

In Online-Pads könnt ihr alle gleichzeitig schreiben. Das ist gerade zum Sammeln von Ideen toll. Jede/-r schreibt automatisch in einer anderen Farbe, sodass ihr wisst, wer was geschrieben hat.

BOÎTE À IDÉES

Titel	Versanfang		Nützliche Wörter
Les vacances d'été	J'ai acheté	J'ai cherché	mais
Mon ami/e	J'ai pris	J'ai trouvé	parce que
Lundi matin	J'ai mangé	J'ai appelé	d'abord
Le repas de famille	J'ai commencé	J'ai voulu	après
Ma grand-mère	J'ai rangé	Je suis arrivé/arrivée	ensuite
Le contrôle de français	J'ai préparé	Je suis resté/restée	enfin
Mon ami/amie est triste	J'ai regardé	Je suis rentré/rentrée	
Dimanche après-midi	J'ai joué	Je suis allé/allée	
	auch mit *tu, il, elle, on, …* auch mit *ne… pas, ne… plus*		

6 **Jouez votre poème devant la classe.** | Spielt euer Gedicht vor.

1er août

On est le premier août, c'est toujours les vacances. Il est très tôt en France, et tout le monde rêve encore… Tout le monde ? Non !

À Blois, Noé est encore dans son lit, mais il est déjà réveillé. Pourquoi ? Parce qu'aujourd'hui, c'est SON ANNIVERSAIRE ! Et Noé a beaucoup de questions : Est-ce qu'il y a du bruit dans la maison ? Est-ce que sa grand-mère prépare déjà quelque chose ? Un gâteau ? Une surprise ?

Jeanne et ses parents ont retrouvé Gabin et sa famille aux Sables d'Olonne. Ils font du camping tous ensemble, c'est génial ! Ce matin, Jeanne est réveillée à 5 h 30 : elle adore faire une balade tôt le matin !

Pour Lili-Rose en Guadeloupe, c'est le soir du 31 juillet ! Il est tard : elle est dans son hamac et elle prend un coca avec sa cousine Anaïs. En Guadeloupe, il fait chaud aussi le soir.

tôt *adj.* früh **rêver** träumen **être réveillé/e** wach sein **l'horreur** der Horror

Unité 1 | page 16

4 b **Jouez avec des dés et faites des phrases.** | Leider findet dieses Wochenende keine Party statt! Was macht ihr stattdessen? Würfelt dreimal, notiert die Augenzahlen und bildet Sätze mit dem Verb *faire*. ▶ Grammaire, p. 22/1

Ihr habt keinen Würfel? Dann ladet eine Würfel-App herunter.

Exemple : Tu **fais** de la trottinette avec Théo.

Je	*faire*	du sport	avec __.
Tu		de la danse	le week-end.
Mon amie		du camping	samedi.
Mes amis et moi, nous		de l'escalade	dans une heure.
Vous		de la trottinette	après le collège.
Mes copains et copines		des pizzas	pendant les vacances.

Unité 1 | page 17, Mini-tâche

6 **Écris une invitation pour une fête.** | Wähle zuerst ein Party-Thema aus. Es gibt kein Limit: Du kannst eine Traumparty planen! Schreibe eine Einladung und schlage mindestens vier Aktivitäten vor.

- Verwende die Einladung auf Seite 15 als Modell.
- Verwende die *Banque de mots* und ein Online-Wörterbuch.

▶ Banque de mots, p. 137 ▶ Méthodes, p. 125

Du kannst auch eine digitale Einladung erstellen.

Hier sind ein paar Themenvorschläge:

Fête océan

Fête montagne

Fête sport

Fête karaoké

Fête pyjama

Fête Hollywood

Unité 1 | page 21, Mini-tâche

9 b À vous ! Vous achetez un cadeau d'anniversaire pour un copain / une copine. Jouez le dialogue. | Übt euren Dialog ein und spielt ihn vor.

Jede/-r macht mindestens einen Geschenkvorschlag.
▶ Idées, p. 137
Ihr könnt dafür ein Online-Wörterbuch verwenden.
▶ Méthodes, p. 125

– Verteilt die Rollen.
– Bereitet den Dialog vor. Nutzt das Sprechschema (S. 21) und den Chat (S. 18) als Modell.
– Übt den Dialog ein und spielt ihn dann vor.

A
- Du kennst den gemeinsamen Freund / die gemeinsame Freundin am besten und weißt, was er/sie mag: ♡ et
- Du wohnst neben dem Einkaufszentrum.

B
- Du hast nicht viel Geld.
- Das kannst du gut:
  backen
  basteln

Module A | page 28

DELF

2 a Lis l'annonce et trouve les bons dessins. | Lies die Annonce und finde die richtigen Bilder. Was mag Gabriel?

A 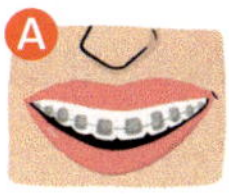
B 
C 
D 
E 
F 
G 
H 
I 

b Gabriel cherche un ou une corres en Allemagne. | Wer passt am besten zu ihm und warum? Antworte.

Exemple : Gabriel et __ vont bien ensemble parce que __.

Leon • 16 ans

♥ foot, basket
végan[1]
allergie (tomates)

Emil • 13 ans

♥ handball, théâtre
♥ la viande[2]
allergie (chats et chiens)

Mia • 15 ans

♥ arts martiaux[3], guitare
végétarienne

1 **végan** vegan 2 **la viande** das Fleisch 3 **les arts martiaux** die Kampfsportarten

Unité 2 | page 33

3 b **Fais l'exercice 3b.** | Löse die Aufgabe 3b auf Seite 33.

c **Lis la carte de Noé.** | Du liest noch einen weiteren Text. Lies die Postkarte von Noé. Was erzählt Noé seinen Großeltern? Mache dir Notizen zu folgenden Themen:

Noés Albtraumtag | Noés Lieblingstag

Chère Mamie et cher Papi,

Comment est-ce que ça va? Et mon lapin, Bandit? Ici, à Paris, ça va. Au collège, c'est cool! Je suis toujours dans la classe de Gabin et Idriss, en 4e B.

Gabin et Idriss trouvent que nos profs sont sympa. Gabin adore le jeudi parce qu'on a maths mais pour moi, les maths, c'est un peu compliqué. Alors le jeudi, c'est ma journée cauchemar! Gabin trouve que Monsieur Berger, notre prof, est super! Mais moi, je trouve qu'il n'explique pas bien.

En plus, le jeudi, on a anglais. Ma prof s'appelle Madame Lefer – elle est cool mais elle parle, elle parle... et je ne comprends pas! Je n'aime pas ses cours.

Moi, ma journée préférée, c'est le mardi. On commence à neuf heures et on a SVT: c'est ma matière préférée. Notre prof, Madame Dubois, est sympa. Depuis un mois, on parle de volcans. C'est super intéressant! En plus, j'adore les cours dans la salle de SVT parce qu'elle est très grande.

Dans une semaine, c'est les vacances! Papa travaille mais moi, je peux venir chez vous[1]!

Bisous Noé

M. et Mme Ségal

18 rue Royale

41000 Blois

1 **venir chez vous** zu euch kommen

d **Wenn du mit Noés Karte fertig bist, erzähle deinen Mitschülern/Mitschülerinnen auf Deutsch, was du über Noé gelesen hast. Nutze dazu deine Notizen aus c.**

Unité 2 | page 34

6 a **Complète.** | Ergänze die Anzeige mit *notre/nos* oder *votre/vos*. ▶ Grammaire, p. 38/2

Salut! Nous sommes des élèves de la 4e C du collège Marie Curie à Étampes, près de Paris. On cherche des corres en Allemagne! Dans ? classe, il y a 27 élèves: 15 filles et 12 garçons. ? profs sont sympa. Avec ? prof d'allemand, on rigole bien. On n'aime pas ? cantine, mais le jeudi, c'est bien parce qu'il y a souvent des pizzas. ? emploi du temps est super. Nous avons de la chance!

Et vous, ? collège est comment? Est-ce que ? profs expliquent bien? Est-ce qu'il y a un club de musique dans ? collège? Quand est-ce que ? cours commencent? À plus!

b Qu'est-ce que les élèves de la 4e C aiment ♥ ? Qu'est-ce qu'ils n'aiment pas ✗ ? Note.

leurs profs | leur prof d'allemand | leur cantine | leur emploi du temps

c Réponds à l'annonce. | Antworte auf die Anzeige und stelle deine Schule vor.

Unité 2 | page 35, Mini-tâche

7 **Vous êtes dans la cour de votre collège. Jouez la scène.** | Ihr seid auf dem Schulhof. Ihr unterhaltet euch über euren Stundenplan, eure Lehrer/-innen und eure Fächer. Spielt die Szene.

- Verteilt die Rollen und lest eure Rollenkarten A und B.
- Bereitet euren Dialog vor. Stellt euch gegenseitig mindestens zwei Fragen: Ihr könnt das Sprechschema (S. 35), die Redemittel (Kasten hier unten) und die Anzeige (S. 112) nutzen.
- Übt den Dialog ein und spielt ihn dann vor.

A

✗ emploi du temps

✗ le lundi → termine à 16 heures
♥ le jeudi → commence à 9 heures

✗ + parce que...
♥ + parce que...

✗ Monsieur Kowalski, le prof de musique
♥ Madame Sonntag, la prof de sciences physiques

B

♥ emploi du temps

✗ le mardi → commence à 7 heures
♥ le vendredi → termine à 13 heures

✗ + parce que...
♥ + parce que...

✗ Madame Herz, la prof d'anglais
♥ Monsieur Zorn, le prof d'histoire-géo

Über deine Fächer und deine Lehrer/-innen sprechen

J'adore J'aime	l'EPS les SVT les maths les arts plastiques —	parce que	je suis fan de (sport). j'adore (la nature). le/la prof est cool / très drôle / sympa. le/la prof explique bien. je suis à côté de (Clara) et on rigole souvent. —
Je n'aime pas Je déteste	l'histoire-géo l'EPS l'anglais —	parce que/qu'	on a toujours des devoirs. notre prof n'explique pas bien. notre prof est un peu bizarre/timide. je ne comprends pas. —
Je trouve que nos profs	ne sont pas cool. / sont un peu bizarres. sont drôles. / expliquent bien.		

Unité 2 | page 37, Mini-tâche

5 a À toi ! Écris sept commentaires sur ton collège et les personnes dans ton collège. | Schreibe sieben Kommentare wie auf der Webseite, S. 36. ▶ Banque de mots, p. 145

Sagen, was es gibt und wovon es viel oder zu viel gibt	Il y a	• un/une/des • beaucoup de/d' • trop de/d'	bruit / élèves dans les classes / devoirs / club(s) / plantes / ordinateurs / matières / heures de (SVT) / __.
Sagen, wovon es nichts oder nicht genug gibt	• Il n'y a • Nous n'avons • On n'a	pas de/d'	club de (musique) / CDI / cantine / ascenseur / terrain de (basket) / gâchimètre / corres en France / __.
		pas assez de/d'	toilettes / ordinateurs dans les salles / heures de (maths) / profs / __.
Sagen, wie etwas oder jemand ist	• Notre cour • Notre gymnase • __	est	• grand/grande. • petit/petite. • moche/super/sympa.
	Les clubs	(ne) sont (pas)	cool/super/sympa.
	Nos profs	(ne) sont (pas)	drôles/timides/ cool/super/sympa.
Deine Meinung äußern	C'est dommage ! / C'est nul ! / C'est bizarre ! / Ce n'est pas cool ! / Je déteste ! C'est super ! / C'est cool ! / C'est drôle ! / J'adore ! / On a de la chance !		
	Je suis pour/contre	• les devoirs le week-end • les vidéos en cours	parce que __.
	Je trouve que/qu'(il y a trop de bruit en cours). Je pense que (le club de musique est super). À mon avis, (les cours de maths sont sympa).		
Sagen, was du dir wünschst	Je voudrais (avoir une tablette en cours) / un terrain de (foot) dans la cour / des plantes dans nos salles de classe / une cantine / __.		

b Corrigez vos commentaires. | Tauscht eure Kommentare aus und korrigiert sie. ▶ Méthodes, p. 125

c Hängt eure Kommentare im Klassenraum auf oder gestaltet eine digitale Präsentation. ▶ Méthodes, p. 126

Den Ausdruck verbessern: Verknüpfe zwei Kommentare oder Ideen mit Wörtern wie *et*, *en plus*, *mais*, *parce que*, *alors*, *par exemple* z. B.: *Je fais de la guitare alors je voudrais un club de musique au collège.*

Du kannst auch Fotos deiner Schule zu deinen Kommentaren hinzufügen. Tipps findest du auf Seite 126.

Unité 3 | page 49

2 a **Qu'est-ce qu'on fait ce week-end ? Écoute la publicité et note.** | Hör dir die Werbung an und mache dir Notizen.

Annonce	samedi	dimanche	À quelle heure ?	Activité(s)	Endroits	Prix/€
1	X					
2						
3						
4						

b **Welche Aktivität kommt für dich in Frage? Wo und wann genau findet sie statt?**

Du hast 20 Euro zur Verfügung und nur am Samstag Zeit.

Du magst Musik und Streetdance, aber du bastelst nicht gern.

Unité 3 | page 51, Mini-tâche

6 a **Écoutez le rap.** | Hört euch den Rap mehrmals an. Beginnt nach und nach mitzumurmeln.

▶ Text, S. 128

b **Écrivez votre rap.** | Schreibt euren Rap. Ersetzt dazu die Orte, den Zeitpunkt und die Aktivitäten.

▶ Text, S. 128

On va où ?	au CDI au skatepark au stade	chez moi chez toi __
l'heure	maintenant à trois heures à midi	ce week-end samedi __
J'peux pas, j'ai…	piscine. danse. foot. musique.	tennis. théâtre. cours. __.

c **À vous !** | Lernt euren Rap auswendig und übt ihn ein. Tragt ihn dann mit der Karaokeversion vor.

Unité 3 | page 55, Mini-tâche

8 **À toi ! Réponds à une invitation.** | Jetzt bist du dran! Du hast diese Einladung erhalten, kannst aber leider nicht. Sage Noa höflich ab und mache einen neuen Vorschlag.

> Salut ! Samedi, je veux aller au cinéma.
> Il y a Spiderman ! Ça te dit ? RDV à 17 heures devant le « REX » ?
> A+ Noa
> 9:55

Baue deine Antwort so auf:
- Du beginnst mit der Begrüßung.
- Du bedankst dich für die Einladung.
- Du lehnst ab, bedauerst das und erklärst warum.
- Du machst einen neuen Vorschlag.
  ▶ Flyer hier unten
- Du erläuterst deinen Vorschlag genauer (Uhrzeit, Ort, Kosten, Aktivität). ▶ Kasten
- Du fragst, ob der Vorschlag gefällt.
- Du verabschiedest dich.

1. **Du kannst das Schreibschema, S. 55 verwenden.**
2. **Wähle eine Aktivität von einem der Flyer oder denke dir eine eigene Aktivität aus.**
3. **Schreibe deine Nachricht und korrigiere sie mithilfe der Fehlercheckliste, S. 124.**

Einen Vorschlag genauer erläutern

19:30 Le cinéma / Le match / L'atelier / __ commence à (16) heures et termine à (19) heures (30).
Rendez-vous à (19) heures à la station de métro / devant __ / chez moi / __.
Apporte tes enceintes / ton skate / ton sac de piscine / __.

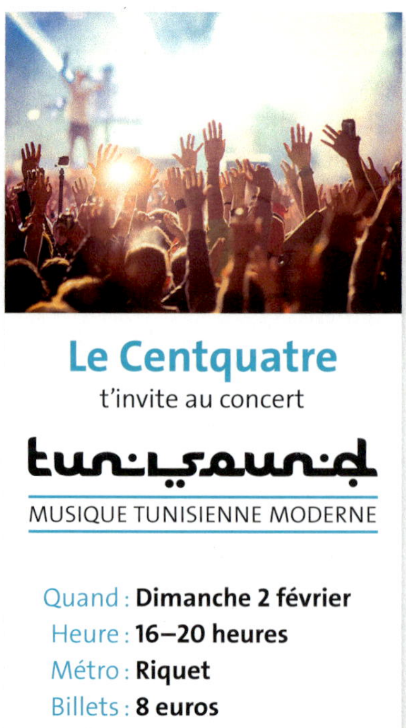

Unité 4 | page 68

DELF

4 **Qu'est-ce qu'il faut ? Écoute et réponds.** | Hör zu und antworte.

1. Wo ist Noé?
2. Was möchte Noé am Wochenende kochen?
3. Was muss er einkaufen? Finde die sechs Lebensmittel, die er mitbringen soll.

4. Welches Lebensmittel hat Noé zuerst vergessen zu notieren?
5. Wann kommt Noés Vater heute Abend nach Hause?

Unité 4 | page 68

5 **Qu'est-ce qu'il faut pour préparer des crêpes ? Regarde les photos et réponds.** | Sieh dir die Rezepte an und sage, welche Zutaten du brauchst. Verwende *du*, *de la*, *des*. ▶ Grammaire, p. 75/1

Exemple : Pour préparer un/une/des __, il faut du lait, ...

1 **le beurre** die Butter

Unité 4 | page 70, Mini-tâche

5 **Tu es avec ton ami français / ton amie française à la cantine. Il/Elle ne parle pas allemand. Explique.** | Erkläre auf Französisch, was das für Gerichte oder Lebensmittel sind. Verwende die Tipps auf S. 70/4. Dein Partner / Deine Partnerin rät. Tauscht dann die Rollen.

A
Gemüseeintopf
Hähnchen mit Blumenkohlauflauf
Apfelmus
Blaubeeren

B
Käsespätzle
Ente mit Rosenkohl
Apfeltasche
Weintrauben

Unité 4 | page 74, Mini-tâche

9 a **À vous ! Travaillez à trois. Jouez une scène à table.** | Arbeitet zu dritt. Spielt eine Szene am Esstisch.

1. Verteilt die Rollen und lest eure Rollenkarten. A, B und C.
2. Schreibt euren Dialog. Verwendet das Sprechschema (S. 74) und die *Expressions utiles* (S. 164/4) als Modell, und die *Banque de mots* (S. 154).
3. Fügt Regieanweisungen auf Deutsch zu Mimik, Gestik und Ablauf hinzu.
4. Lernt euren Text auswendig.

MK
In Online-Pads könnt ihr zu mehreren gleichzeitig schreiben. So könnt ihr eure Ideen für die Regieanweisungen sammeln! Jede/-r schreibt automatisch in einer eigenen Farbe, sodass ihr wisst, wer was geschrieben hat.

A
- Tu es chez toi avec deux amis/amies.
- Tu aimes préparer des plats pour tes amis/amies.
- Tu aimes tout goûter et tu adores la viande.

B
- Tu manges chez A.
- Tu ne manges pas de viande parce que tu es végétarien/végétarienne.
- Tu es très poli/polie.

C
- Tu manges chez A.
- Tu as très faim.
- Tu n'aimes rien.
- Tu n'es pas très poli/polie.

b **Filmez votre scène et montrez la vidéo en classe.** | Filmt eure Szene und zeigt das Video in eurem Französischkurs. Diskutiert gemeinsam, welches Video euch am besten gefallen hat und warum.

Unité 5 | page 90, Mini-tâche

5 **À vous ! Parlez de vos vacances.** | Sprecht in einem Videoanruf über eure Ferien.

1. Verteilt die Rollen und lest eure Rollenkarten A und B.
2. Bereitet euren Dialog vor. Ihr könnt das Sprechschema (S. 90) sowie die Kästen hier unten als Hilfestellung verwenden.
3. Arbeitet mit einem Sprechfächer und übt den Dialog ein. ► Méthodes, p. 123
4. Spielt den Dialog vor.

A

Tu es à la maison à Paris.

Tu es avec tes parents et ton frère.

Il fait

25° C

Tu es super content/contente !

Tes activités :

Tu voudrais aussi : mais

B

Tu es en Guadeloupe.

Tu es avec tes parents et des amis/amies.

Il fait

31° C

Tu n'es pas content/contente !

Tes activités :

Tu voudrais aussi : mais

Recherchiert im Internet und fügt weitere Details hinzu, z. B.: Welche Museen kann man in Paris besuchen? Welcher französische Film läuft zurzeit in den Pariser Kinos? Wie heißt der Vulkan auf Guadeloupe, auf dem man wandern gehen kann?

Deine Meinung sagen und reagieren

C'est... Ça va être...	cool/super/génial/ sympa/drôle/bien !
	nul / la cata !

Je n'ai pas envie ! / Ce n'est pas mon truc.
Je suis super content/contente !
C'est pas grave ! / T'inquiète !
C'est dommage ! / Mince !

Das Gespräch aufrecht erhalten und nachfragen

Alors... / Euh...
Ah bon ? / C'est vrai ?
Ah, d'accord !

Unité 5 | page 92

2 a **Fais l'exercice 2a.** | Löse die Aufgabe 2a auf Seite 92.

b **Maïssa et Lina, les sœurs d'Idriss, sont en Tunisie. Lis leur mail et réponds.** | Du liest noch einen weiteren Reisebericht. Idriss' Schwestern Maïssa und Lina sind in Tunesien. Lies ihre E-Mail. Was haben sie gemacht? Wähle die richtigen Bilder aus.

Objet : Bonjour de Tunis !

Bonjour Maman, Papa, Abdel et Idriss !

Ça va ? Les vacances chez Grand-mamie Fatimah, c'est génial !

Nous passons beaucoup de temps ensemble. Cette semaine, nous sommes allées au marché et nous avons préparé un couscous et des keftas. On a aussi préparé un gâteau aux dattes. Je pense que c'est ton gâteau préféré, Papa, non ?

On adore Tunis ! Dimanche, on a visité le Musée national du Bardo. Nous sommes restées 4 heures ! Il y a beaucoup d'informations sur l'histoire de la Tunisie.

C'était super intéressant.

Lundi, on a retrouvé Oncle Ramzi et on a visité la mosquée. Et hier, nous sommes allées à la plage. C'était cool mais il fait très chaud ici !

Quand est-ce qu'Idriss arrive à Tunis ?

Bisous

Maïssa et Lina

In der E-Mail stehen einige Wörter, die du noch nicht kennst. Lass dich nicht davon aufhalten! Du musst nicht jedes Wort verstehen, um die Aufgabe zu lösen.

c **Erzähle deinen Mitschülern/Mitschülerinnen auf Deutsch, was du über Maïssa und Lina gelesen hast.**

d **Et vous ? Auvergne, Guadeloupe ou Tunisie ?** | Würdet ihr euren Urlaub lieber in der Auvergne, auf Guadeloupe oder in Tunesien verbringen? Warum? Tauscht euch aus.

Unité 5 | page 95, Mini-tâche

☒ **9** a **Tu es en vacances. Écris une carte postale à ton/ta corres.** | Du bist im Urlaub. Schreibe deinem/deiner Austauschpartner/-in eine Postkarte. Beachte folgende Hinweise.

- Wähle einen Urlaubsort in Frankreich aus. ▶ Carte de France, p. 1
- Nutze das Schreibschema (S. 95), Idriss' Postkarte (S. 91) sowie die E-Mail von Maïssa und Lina (S. 120) als Modell.
- Beschreibe mindestens sechs Aktivitäten, die du unternommen hast.
- Denke daran, deinen Text zeitlich zu gliedern und deine Meinung zu äußern.
- Füge Details hinzu, um deinen Text lebendiger zu gestalten.

Was haben die anderen in deiner Reisegruppe gemacht? Z. B.:
Mes parents ont visité la cathédrale.
Hier, ma sœur est allée au parc.
Nous sommes allés à la plage.

Strukturiere deinen Bericht auch mit Konjunktionen (Bindewörtern), z. B.:
Ma copine a fait du shopping. **Mais** moi, j'ai fait une balade **parce que** je n'aime pas faire du shopping.

b **Tauscht eure Postkarten aus. Prüft, ob euer Partner / eure Partnerin alle Hinweise beachtet hat. Tauscht eure Postkarten wieder zurück und arbeitet das Feedback ein.**

Unité 5 | p. 99, Exercices supplémentaires

☒ **4** **Qu'est-ce que Malo a fait pendant les vacances ? Complète les phrases.** | Schreibe die Sätze mit den richtigen Formen des *passé composé* auf. ▶ Grammaire, p. 96/2

Nous ? en train. (*arriver*)

Nous ? l'hôtel. (*chercher*)

Après, on ? au restaurant. (*aller*)

Dimanche, je/j' ? un musée. (*visiter*)

Lundi, on ? une balade. (*faire*)

1 Wortschatz lernen

Es gibt viele verschiedene Methoden, Wörter zu lernen. Auf dieser Seite stellen wir dir einige vor. Doch egal, für welche Methode(n) du dich entscheidest, das Wichtigste beim Lernen ist:

- **Sei aktiv**, dann prägen sich die neuen Wörter besser ein. Schreibe, zeichne, sprich laut, bewege dich beim Lernen und mache Gesten, und du wirst sehen, wie gut dein Gedächtnis arbeitet.
- **Lerne regelmäßig**, lieber täglich ein paar Minuten als ganz viel auf einmal.

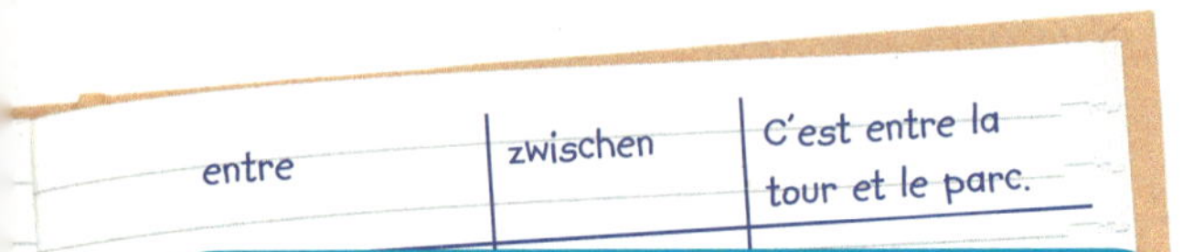

1.1 Mit der Wortliste lernen

Lerne neue Wörter mit der *Liste des mots*, S. 133–159. Der Satz in der 3. Spalte zeigt dir, wie man das Wort verwendet, oder welches Wort im Englischen ähnlich ist. Du kannst die Wortliste auch in ein Vokabelheft abschreiben.

1.2 Mit Bildern lernen

Zeichnest du gerne? Dann denke dir zu den Wörtern, die du lernst, kleine Zeichnungen aus, die zur Bedeutung der Wörter passen. Zeichne sie auf deine Karteikarten oder in dein Vokabelheft.

1.3 Mit Karteikarten lernen

Auf die eine Seite der Karteikarte schreibst du das französische Wort und dazu einen französischen Beispielsatz (z. B. den aus der *Liste des mots*), auf die andere Seite die deutsche Übersetzung. Frage dich selbst ab oder lass dich abfragen. Hast du ein Wort gewusst, kommt die Karte auf einen neuen Stapel für den morgigen Tag. Hast du es nicht gewusst, kommt sie wieder unten in deinen Lernstapel.

1.4 Mit anderen Sprachen lernen

Gibt es zu dem Wort, das du lernst, ein ähnliches Wort in einer anderen Sprache, die du sprichst? Schreibe es mit auf und markiere Unterschiede in der Schreibung, falls vorhanden.

1.5 Mit Klebezetteln lernen

Schreibe Wörter, die du dir merken willst, auf kleine Klebezettel und bringe diese bei dir zu Hause an Stellen an, die du oft ansiehst, z. B. neben dem Waschbecken.

1.6 Mit Vokabeltrainer-Apps lernen

Viele Vokabeltrainer-Apps funktionieren nach dem Karteikarten-Prinzip. Besonders toll an Vokabeltrainer-Apps ist, dass du dir die Wörter auch anhören und so die Aussprache lernen kannst. Außerdem kannst du deinen Lernfortschritt verfolgen.

Klicke auf das Audio-Symbol, um dir die neue Vokabel anzuhören. Das hilft dir, dir die korrekte Aussprache einzuprägen.

1.7 Mit Gesten lernen

Denke dir passende Gesten zu den Wörtern aus, die du lernst. Dein Körper „lernt mit" und die Wörter prägen sich besser ein.

écouter

2 Sprechen | Parler

2.1 Freies Sprechen: SOS – der Sprechfächer

Stell dir vor, du weißt in einem Dialog nicht weiter!
Der Sprechfächer unterstützt dich:

- Notiere auf einzelne Pappkarten Redemittel, die zu einer Gesprächssituation passen (z. B. „über die Ferien sprechen").

  Où ? | Avec qui ? | Le temps | Qu'est-ce que tu fais ?

- Hefte die Pappkarten zusammen. Halte deinen Sprechfächer in Dialogsituationen bereit. Wenn du beim Sprechen nicht weiter weißt, klappst du den Fächer auf, liest kurz nach, klappst ihn wieder zu und sprichst weiter. Voilà !

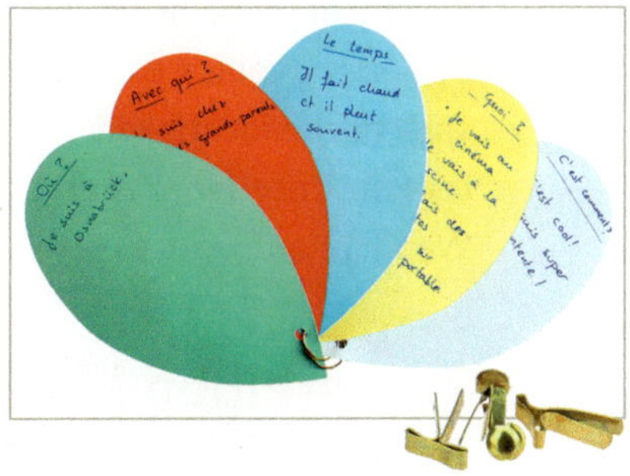

2.2 Einen Kurzvortrag halten

So hältst du einen Kurzvortrag:

- Begrüße dein Publikum und erkläre kurz das Thema und den Aufbau deines Vortrags.
- Schreibe unbekannte Wörter vorher an die Tafel und erkläre sie.
- Sprich langsam, möglichst frei und sieh dein Publikum an.
- Stell dich so hin, dass alle freie Sicht auf dein Plakat oder deine Folien haben. Verwende Zeigehilfen (Stab, Laserpointer), um auf dein Plakat oder deine Folien zu zeigen.
- Bedanke dich am Ende für die Aufmerksamkeit und erkundige dich, ob es noch Fragen gibt.

Mache immer wieder kurze Redepausen, schau auf deine Notizen, sieh dein Publikum wieder an und sprich dann weiter.

Je vais vous présenter…	Après, je vais expliquer…
Je vais utiliser des mots nouveaux.	Pour finir, vous allez donner votre avis.
D'abord, je vais parler du / de la / des…	Merci de votre attention.
Ensuite, on va…	Vous avez des questions ?

2.3 Der Kniff mit dem Knick

Bei einem Kurzvortrag kannst du den „Kniff mit dem Knick" verwenden. Beim Vortrag klappst du den ausführlichen Text weg und schaust nur auf deine Stichwörter. Wenn du nicht mehr weiterweißt, kannst du das Blatt aufklappen und in deinem Text nachsehen.

Aujourd'hui, je vais vous présenter ma chanson préférée :	aujourd'hui • ma chanson préférée
« Santé » de Stromae. « Santé », c'est ma chanson préférée	« Santé » de Stromae
parce que j'adore la mélodie et le texte.	♥ la mélodie + le texte
Dans ma présentation, je vais utiliser des mots nouveaux.	utiliser des mots nouveaux → liste
Voilà la liste.	1. d'abord → chanteur
D'abord, je vais parler du chanteur. Ensuite, on va écouter la	2. ensuite → écouter + regarder
chanson et on va regarder la vidéo. Après, je vais expliquer le	3. après → expliquer le message
message de la chanson. Pour finir, vous allez donner votre avis.	4. pour finir → donner votre avis
…	

hier falten und umknicken

2.4 Feedback geben

Bewertet eure Vorträge und Dialoge bzw. Rollenspiele gegenseitig. Besprecht gemeinsam mit eurem Lehrer / eurer Lehrerin, was ihr bewerten wollt, z. B.: die Präsentation, den Inhalt und die sprachliche Richtigkeit.
Legt die Kriterien vorher fest und schreibt sie auf.
Wenn ihr auf Französisch Feedback gebt, findet ihr hier einige Wendungen: ▶ Expressions utiles, p. 160

Fangt bei eurer Rückmeldung immer mit dem an, was gut war, und verbindet Kritik mit konkreten Verbesserungsvorschlägen.

3 Schreiben | Écrire

3.1 Einen Text schreiben

Lies die Aufgabenstellung genau und stelle dir dazu folgende Fragen:
- Welche Art von Text sollst du schreiben? Z. B. eine Postkarte oder einen Blogeintrag?
- Was ist typisch für diese Art von Text?
- Plane den Aufbau deines Textes: Womit fängst du an? Was kommt danach? Wie beendest du den Text?

Nutze für deine Texte die Schreibhilfen, S. 17, 37, 55, 95.
- Wenn du unsicher bist, dann schlage in den *Expressions utiles* (= nützliche Redewendungen), S. 160–168 nach. Dort stehen die wichtigsten Sätze nach Themen geordnet und mit deutscher Übersetzung.
- Dir fehlt ein Wort? Schlage in der deutsch-französischen Wortliste ab S. 175 nach. Wenn du es dort nicht findest, suche in einem Online-Wörterbuch danach.

3.2 Nach dem Schreiben: Eigene Texte überprüfen

Wenn du deinen Text fertig geschrieben hast, lies ihn gründlich durch und achte dabei auf:
- **den Inhalt:** Hast du dich an die Aufgabenstellung gehalten? Setze ein Häkchen hinter jede Vorgabe, die du erfüllt hast.
- **die Sprache:** Überprüfe deinen Text mithilfe der Fehlercheckliste:

Worauf musst du achten?	Beispiele	
Passen Begleiter und Nomen zusammen?	**les** copains • **mes** copin**es**	✓
Passen Subjekt und Verbform zusammen?	Les copains rigol**ent**.	✓
Hast du an die Apostrophe gedacht?	**l'**animal • **j'**ai • **d'**Idriss	✓
Hast du alle *accents* richtig gesetzt?	fen**ê**tre • l**à** • cin**é**ma • **é**l**è**ve	✓
Stehen die Verneinungswörter an der richtigen Stelle?	je **n'**aime **pas** • elle **ne** fait **rien**	✓
Hast du das richtige Hilfsverb verwendet?	Nous **allons** manger. (futur composé) Nous **avons** rigolé. (passé composé)	✓

Wenn du deinen Text in einem Word-Dokument schreibst, kannst du die automatische Rechtschreibkorrektur verwenden. Markiere deinen geschriebenen Text und gehe auf → Überprüfen → Sprache → Sprache für die Korrekturhilfen festlegen → Französisch (Frankreich).

3.3 Gemeinsame Korrektur

Es ist leichter, Fehler in einem Text zu finden, den du nicht selbst geschrieben hast. Deswegen ist es sinnvoll, wenn du mit einem Partner / einer Partnerin die Texte tauschst und ihr euch (mit Bleistift) gegenseitig korrigiert.

Wenn ihr eure Texte gemeinsam in Online-Pads schreibt, könnt ihr eure Texte dort auch gegenseitig korrigieren.

4 Medienkompetenz

4.1 Ein Online-Wörterbuch verwenden

Hier gibst du deinen Suchbegriff ein.

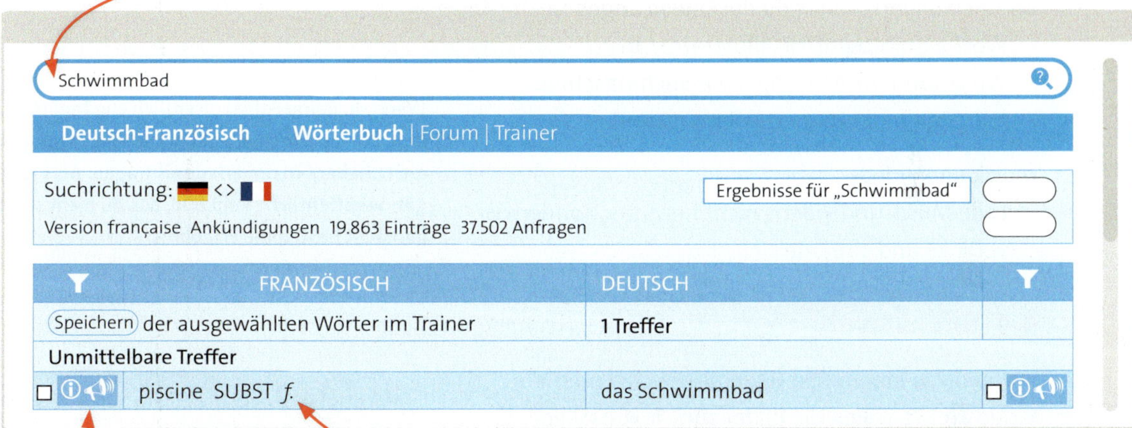

Hier kannst du dir das Wort anhören.

f. = *féminin* = weiblich → Verwende *la*, *l'* oder *une*.
m. = *masculin* = männlich → Verwende *le*, *l'* oder *un*.
fam. = *familier* = umgangssprachlich (ugs. oder umg.)

4.2 Im Internet recherchieren

1. **Gute Suchanfragen formulieren**
   Hier ein paar Tipps, wie du treffsicher recherchieren kannst:
   - Überlege dir passende Suchbegriffe für dein Thema. Je weiter du deine Suche einschränkst, desto schneller findest du brauchbare Informationen.
   - Wenn du verlässliche Fakten suchst, bevorzuge offizielle Webseiten (z. B. Webseiten, deren URL auf .fr oder .org endet).

Wenn du nach konkreten Informationen suchst, helfen dir folgende Tricks:
- **Du willst z. B. wissen, was die französischen Abkürzungen SNCF, TER und TGV bedeuten.**
- **Dafür gibst du ein: site: .fr „SNCF"**
- **Warum? site: sucht nur auf der genannten Seite oder auf Seiten in einem Land (hier Frankreich), „ " sucht die exakte Wortfolge.**

2. **Gemeinfreie Bilder finden**
   Du kannst nicht einfach alle Bilder verwenden, die du im Internet findest.
   Suche gezielt nach Bildern, die du ohne Zustimmung des Urhebers / der Urheberin verwenden darfst.
   Führe erst deine Bildersuche durch und grenze dann deine Ergebnisse ein, über → Suchfilter → Nutzungsrechte → Zur (nicht kommerziellen) Wiederverwendung gekennzeichnet.

4.3 Eine digitale Präsentation gestalten

Du willst der Klasse z. B. dein Lieblingslied präsentieren.

Text
- Schreibe nicht mehr als sechs Zeilen auf eine Folie.
- Wähle eine gut lesbare Schriftart.
- Lass genügend Abstand zwischen den Zeilen.
- Vermeide Spezialeffekte, z. B. tanzende Buchstaben.

Bilder

Bei allen Bildern musst du die Quelle angeben:
- Wer? z. B. Fotograf/-in, Illustrator/-in
- Wo gefunden? Achtung: Eine Suchmaschine, z. B. Google, ist keine Quellenangabe!

Musik und Videos
- Lade Musik und Videos nicht herunter, sondern verlinke und streame sie.

Stromae

- chanteur, il est Belge
- fait de la musique depuis 2000
- parle des problèmes des gens

♪ hip-hop, électro house, new beat

♫ Alors on danse, Papaoutai, Santé

Wenn du deine Folien öffentlich zugänglich machst (z. B. auf der Webseite deiner Schule), musst du den/die Urheber/-in um Erlaubnis fragen. Als Faustregel gilt: Veröffentliche kein Bild, das du nicht selbst gemacht hast, ohne Erlaubnis.

4.4 Bildauswahl

Wenn du zu einem Text Bilder aussuchst oder ein Video drehst, sollen die Bilder zum Text passen. Überlege dir also vorher, welche Wirkung deine Bilder haben sollen und wie du diese erzielen kannst.

Wichtig! Wenn du in deinem Video Personen zeigst oder Fotos von Personen machst, musst du sie vorher fragen, ob sie damit einverstanden sind.

Welche Bildeinstellung (A, B oder C) passt jeweils am besten zum Text?

1. C'est notre prof de maths. Elle aime rigoler.

A 
B 
C 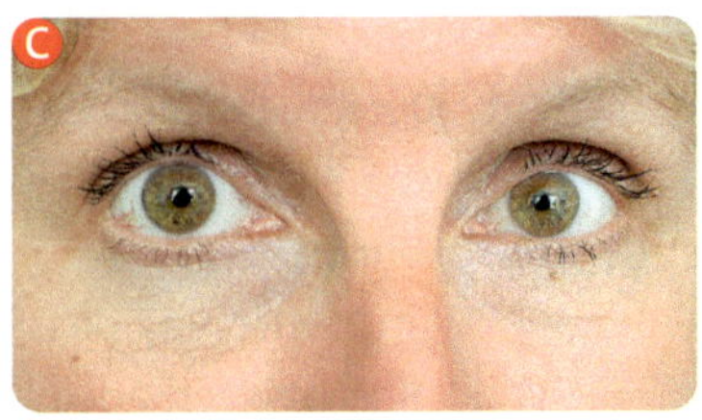

2. Voilà notre prof d'anglais. Elle est très sévère.

A 
B 
C 

5 Sprachmittlung

5.1. Wichtige Informationen in die andere Sprache übertragen

Falls deine Familie oder deine deutschen Freunde/-innen kein Französisch sprechen, bist du als Französischexperte bzw. -expertin gefordert. Wenn dich französische Jugendliche, z. B. eine Austauschklasse, besuchen, musst du deutsche Aussagen oder Texte ins Französische übertragen. Das nennt man Sprachmittlung.

Bei einer Sprachmittlung übersetzt du nicht Wort für Wort oder Satz für Satz. Sage in deinen eigenen Worten das, was der/die andere unbedingt wissen muss. Die Aufgabenstellung gibt dir dazu Hinweise.

5.2. Kulturelle Unterschiede erklären

Überlege, was in Frankreich und Deutschland anders ist. Bei einer Sprachmittlung musst du Dinge erklären, die dein Gegenüber nicht kennt, z. B. was ein *surveillant* / eine *surveillante* ist oder dass man in Deutschland in den Hofpausen ein Pausenbrot isst.

5.3. Wörter umschreiben

Überlege, wie du die wichtigsten Informationen mit deinen Französischkenntnissen ausdrücken kannst. Umschreibe Wörter, die du nicht kennst oder die dir nicht einfallen.
Es gibt viele Möglichkeiten, Wörter zu umschreiben. Du kannst:

einen Oberbegriff verwenden.	C'est un animal. / un dessert. / un légume. / de la viande.
die Größe und/oder die Farbe angeben.	C'est petit/grand. C'est vert/blanc/rouge.
einen Vergleich anstellen.	C'est (un peu) comme un gratin / une soupe.
ein Beispiel geben.	C'est une pomme, par exemple.
eine passende Geste oder eine kleine Pantomime machen.	C'est petit/grand comme ça. / Ça fait comme ça.
erklären, wozu etwas gut ist.	C'est sympa pour faire un pique-nique.

Unité 3 | Partie A, page 50, exercice 2

1

Idriss : Salut Noé ! Tu vas où ?
Noé : Je vais au skatepark. Et toi ? On y va ensemble ?
Idriss : Maintenant ? Désolé, j'peux pas, j'ai foot !
Noé : Ah bon ? C'est dommage. À plus !
Idriss : Salut !

2

Jeanne : Ah, salut Idriss !
Idriss : Salut Jeanne ! Salut Lili-Rose ! Vous allez où ?
Lili-Rose : On va à la piscine !
Idriss : À la piscine ? Maintenant ?
Jeanne : Oui ! On y va ensemble ?
Idriss : Ah non, j'peux pas, j'ai foot !
Lili-Rose : C'est dommage ! À plus, Idriss !

3

Idriss : Salut Gabin !
Gabin : Salut Idriss. On va où ?
Idriss : Euh... je ne sais pas.
Gabin : On va au cinéma ?
Idriss : D'accord, pourquoi pas ! À quelle heure ?
Gabin : Il y a un film à six heures. C'est parti !
Idriss : Ça marche ! On y va !
Gabin : ... Mais... tu n'as pas foot le vendredi ?
Idriss : T'es comme ma mère ! Écoute ! Je n'ai pas envie... On est vendredi !

Unité 3 | Partie A, page 51, exercice 6

– On va où ?
– Je ne sais pas.
– À la piscine ?
– Pourquoi pas !
– C'est d'accord ! On y va !
– Maintenant ? J'peux pas !
– Mais pourquoi ? Pourquoi ? Pourquoi ?
– J'peux pas, j'ai basket !
– Ah bon ? Basket ?
– J'peux pas, j'ai basket !
– C'est dommage ! Basket !
– J'peux pas, j'ai basket !
– Ah bon ? Basket ?
– Désolé/e, j'peux pas !

– On va où ?
– Je ne sais pas.
– Au parc ?
– Pourquoi pas !
– C'est d'accord ! On y va !
– À midi ? J'peux pas !
– Mais pourquoi ? Pourquoi ? Pourquoi ?
– J'peux pas, j'ai guitare !
– Ah bon ? Guitare ?
– J'peux pas, j'ai guitare !
– C'est dommage ! Guitare !
– J'peux pas, j'ai guitare !
– Ah bon ? Guitare ?
– Désolé/e, j'peux pas !

– On va où ?
– Je ne sais pas.
– Au cinéma ?
– Pourquoi pas ?!
– À huit heures ?
– C'est super.
– C'est parti ! On y va !
– Alors on y va ?
– Ça marche ! On y va !
– Alors on y va ?
– D'accord ! On y va !
– Alors on y va ?
– C'est parti ! On y va !
– Alors on y va !

Die Verben auf *-er* | Les verbes en *-er*

infinitif		**parler** *sprechen*		**rentrer** *nach Hause gehen*
présent	je	parl **e**	je	rentr **e**
	tu	parl **es**	tu	rentr **es**
	il / elle / on	parl **e**	il / elle / on	rentr **e**
	nous	parl **ons**	nous	rentr **ons**
	vous	parl **ez**	vous	rentr **ez**
	ils / elles	parl **ent**	ils / elles	rentr **ent**
impératif		Parle. Parlons. Parlez.		Rentre. Rentrons. Rentrez.
futur composé	je	vais parler	je	vais rentrer
passé composé	j'	ai parlé	je	suis rentré/rentrée

Folgende Verben auf *-er* haben jeweils eine Besonderheit:

acheter: j'achète, tu achètes, il/elle/on achète, ils/elles achètent
préférer: je préfère, tu préfères, il/elle/on préfère, ils/elles préfèrent
répéter: je répète, tu répètes, il/elle/on répète, ils/elles répètent
appeler: j'appelle, tu appelles, il/elle/on appelle, ils/elles appellent
commencer: nous commençons

corriger: nous corrigeons
manger: nous mangeons
partager: nous partageons
ranger: nous rangeons

Die unregelmäßigen Verben | Les verbes irréguliers

infinitif		**aller** *gehen, fahren*		**avoir** *haben*
présent	je	vais	j'	ai
	tu	vas	tu	as
	il / elle / on	va	il / elle / on	a
	nous	allons	nous	avons
	vous	allez	vous	avez
	ils / elles	vont	ils / elles	ont
futur composé	je	vais aller	je	vais avoir
passé composé	je	suis allé/allée	j'	ai eu

LE RAP DU VERBE ALLER

je vais (2*x*)
tu vas (2*x*)
il va (2*x*), elle va, (2*x*),
on va (2*x*)
Nous allons au cinéma ! (2*x*)
On y va ! (4*x*)
Vous allez où ? (2*x*)
Au cinéma ! (4*x*)
Ils vont où ? (2*x*)
Elles vont où ? (2*x*)
À la piscine – avec nous !

infinitif		**être** *sein*		**faire** *machen*		**mettre** *setzen, stellen, legen*
présent	je	suis	je	fais	je	mets
	tu	es	tu	fais	tu	mets
	il / elle / on	est	il / elle / on	fait	il / elle / on	met
	nous	sommes	nous	faisons	nous	mettons
	vous	êtes	vous	faites	vous	mettez
	ils / elles	sont	ils / elles	font	ils / elles	mettent
futur composé	je	vais être	je	vais faire	je	vais mettre
passé composé	j'	ai été	j'	ai fait	j'	ai mis

infinitif		**prendre** *nehmen*		**pouvoir** *können*		**vouloir** *wollen*
présent	je	prends	je	peux	je	veux
	tu	prends	tu	peux	tu	veux
	il / elle / on	prend	il / elle / on	peut	il / elle / on	veut
	nous	prenons	nous	pouvons	nous	voulons
	vous	prenez	vous	pouvez	vous	voulez
	ils / elles	prennent	ils / elles	peuvent	ils / elles	veulent
futur composé	je	vais prendre	je	vais pouvoir	je	vais vouloir
passé composé	j'	ai pris	j'	ai pu	j'	ai voulu

► Les chansons des verbes « pouvoir » et « vouloir », p. 58

LA CHANSON DU VERBE FAIRE

Je fais, tu fais, il fait, elle fait, on fait,
nous faisons, vous faites, ils font, elles font.
Bonjour Mahmoud ! Je fais du foot.
Et toi, Victor, tu fais du sport ?
Qu'est-ce qu'elle fait, Clémence ?
Elle fait, elle fait de la danse.
Bonjour Zeynap ! Je fais du rap.
Et toi, Juliette, tu fais du skate ?

Qu'est-ce qu'il fait, Enzo ?
Il fait, il fait des photos.
Qu'est-ce qu'elle fait, Vanessa ?
Je ne sais pas, elle n'est pas là.
Nous avons un cadeau et nous faisons un gâteau.
C'est la fête ! Qu'est-ce que vous faites ? (2 *x*)
Qu'est-ce qu'ils font, Fleur et Malik ?
Ils font, ils font de la musique !

Les nombres cardinaux de 0 à 100 | Die Grundzahlen von 0 bis 100

0 zéro
1 un *m.*
  une *f.*
2 deux
3 trois
4 quatre
5 cinq
6 six
7 sept
8 huit
9 neuf
10 dix
11 onze
12 douze
13 treize
14 quatorze
15 quinze
16 seize
17 dix-sept
18 dix-huit
19 dix-neuf

20 vingt
21 vingt-et-un *m.*
  vingt-et-une *f.*
22 vingt-deux
23 vingt-trois
24 vingt-quatre
25 vingt-cinq
26 vingt-six
27 vingt-sept
28 vingt-huit
29 vingt-neuf
30 trente
31 trente-et-un *m.*
  trente-et-une *f.*
40 quarante
41 quarante-et-un *m.*
  quarante-et-une *f.*
50 cinquante
60 soixante

70 soixante-dix
71 soixante-et-onze
72 soixante-douze
73 soixante-treize
74 soixante-quatorze
75 soixante-quinze
76 soixante-seize
77 soixante-dix-sept
78 soixante-dix-huit
79 soixante-dix-neuf
80 quatre-vingts
81 quatre-vingt-un *m.*
  quatre-vingt-une *f.*
82 quatre-vingt-deux

90 quatre-vingt-dix
91 quatre-vingt-onze
92 quatre-vingt-douze
93 quatre-vingt-treize
94 quatre-vingt-quatorze
95 quatre-vingt-quinze
96 quatre-vingt-seize
97 quatre-vingt-dix-sept
98 quatre-vingt-dix-huit
99 quatre-vingt-dix-neuf
100 cent

Achtung bei der Aussprache dieser Zahlen!

2 (22, 32, ...)	vingt-deux‿heures
3 (23, 33, ...)	quarante-trois‿élèves
6 (26, 36, ...)	six‿amis, ! cinquante-six filles
8 (18, 28, ...)	dix-huit‿ans, ! soixante-huit garçons
9 (19, 29, ...)	dix-neuf‿heures, vingt-neuf‿ans
10 (70, 90)	soixante-dix‿ans, ! quatre-vingt-dix chats

So gibst du das Datum an:

Deutsch	Français
der 1. März	le 1er mars
der 2. Mai	le 2 mai
der 31. August	le 31 août

Achtung bei der Aussprache von *six* und *dix*!
le six‿avril, ! le six mai
le dix‿octobre, ! le dix novembre

Écoute le poème et répète. | Hör dir das Gedicht an und sprich nach.

TU COMPTES POUR MOI

1, 2, 3...	Tu comptes pour moi !
6, 7, 8...	Je compte les heures et les minutes
23, 24, 25...	Et les moments où on discute.
38, 39, 40...	Je compte les secondes de la journée
50, 60, 70...	Et je voudrais toujours rigoler
80, 90 et 100...	Avec mon amie préférée.

compter qc etw. zählen
discuter sich unterhalten

Das Alphabet | L'alphabet

a [a]	d [de]	g [ʒe]	j [ʒi]	m [ɛm]	p [pe]	s [ɛs]	v [ve]	y [igʀɛk]
b [be]	e [ə]	h [aʃ]	k [ka]	n [ɛn]	q [ky]	t [te]	w [dubləve]	z [zɛd]
c [se]	f [ɛf]	i [i]	l [ɛl]	o [o]	r [ɛʀ]	u [y]	x [iks]	

Die Zeichen im Satz | Les signes dans la phrase

Samedi, c'est l'anniversaire de Maryam! Elle fait une fête et elle invite ses amis: deux garçons et trois filles. Mercredi après-midi, les copains achètent des cadeaux. Sami achète le livre « Joyeux anniversaire », Zoé regarde une BD – elle est super, mais c'est trop cher. Et moi? (Je n'ai pas d'idée…)

la majuscule · l'apostrophe *f.* · la virgule · le point d'exclamation · l'accent circonflexe *m.* · les deux-points · le « c » cédille · la minuscule · le point · l'accent aigu *m.* · le trait d'union · le tiret · l'accent grave *m.* · le point d'interrogation · les parenthèses *f. pl.* · les points de suspension · les guillemets *m. pl.*

Die Lautschrift | L'alphabet phonétique

Die Konsonanten | Les consonnes

[b] bus, table, alphabet
[d] danse, ordinateur
[f] photo, préférer
[g] gare, guitare, grand/e
[k] classe, chocolat
[l] collège, la, ville
[m] mardi, aimer, film, comme, cinéma
[n] non, sonner, anniversaire
[ŋ] camping
[ɲ] montagne, Allemagne
[p] parc, réponse, supermarché
[ʀ] rue, livre
[s] *scharfes „s" wie in* Kuss: ça, merci, salut, passer, garçon
[z] *summendes „s" (tritt nur zwischen zwei Vokalen, als Bindungs -s bzw. -x oder in der Schreibung „z" auf) wie in* Rasen: chaise, les‿enfants, six‿heures, zéro
[ʃ] „sch" *wie in* Tasche: chercher, chat, chocolat
[ʒ] *wie in* Garage: étagère, jouer
[t] tableau, toilette, baguette
[v] vacances, avril, avoir, élève

Die Vokale | Les voyelles

[a] *kurzes „a" wie in* Ball: amie, fan
[ɑ] *langes „a" wie in* Bahn: ne… pas, salade
[ɛ] *offenes „e" wie in* Ende: mais, recette, c'est, père
[e] *geschlossenes „e" wie in* See: écouter, série
[ə] *stummes „e" wie in* Kabel: le, de, regarder
[i] ici, idée, lit
[o] *geschlossenes „o" wie in* Floh: aussi, bureau
[ɔ] *offenes „o" wie in* doch: sport, organiser
[ø] *geschlossenes „ö" wie in* böse: jeudi, monsieur, bleu
[œ] *offenes „ö" wie in* öffnen: heure, sœur
[u] „u" *wie in* Mut: où, bonjour, sous
[y] „ü" *wie in* müde: unité, musée, minute, musique

Die Gleitlaute | Les semi-voyelles

[ɥ] huit, minuit
[j] surveillant, famille, cahier, fille
[w] moi, histoire, oui, poisson, toilettes

Die nasalierten Vokale | Les voyelles nasales

[ɑ̃] enfant, cantine, chambre, chanson
[ɔ̃] bon, raconter, pardon, garçon
[ɛ̃] un, lapin, faim, copain, demain, cousin

Abkürzungen und Symbole

Abkürzung/ Symbol	Bedeutung	Erklärung	Beispiel
m.	*masculin*	männlich	le quartier, un ordinateur
f.	*féminin*	weiblich	la baguette, une entrée
sg.	*singulier*	Singular (Einzahl)	**la** semaine
pl.	*pluriel*	Plural (Mehrzahl)	**les** semaines
qc	*quelque chose*	etwas (etw.)	aimer qc
qn	*quelqu'un*	jemand/jemanden/jemandem (jd/jdn/jdm)	aimer qn
adj.	*adjectif*	Adjektiv = beschreibt, wie etwas ist	cool, petit/petite
inf.	*infinitif*	Infinitiv = Grundform von Verben	chanter, écouter
fam.	*familier*	umgangssprachlich	Salut !
🇬🇧		Hier findest du ein englisches Wort, das dem französischen Wort ähnlich ist.	la classe 🇬🇧 class
❗		Hier gibt es eine Besonderheit zu beachten.	l'animal / ❗ les animaux
=		Hier findest du ein Wort mit ähnlicher Bedeutung.	le copain = l'ami
≠		Hier findest du das Gegenteil des Wortes.	chercher ≠ trouver
→		Hier findest du ein Wort, das zur gleichen Familie gehört und das du schon gelernt hast.	habiter → j'habite
(Sprechblase)		So einfach klingt das französische Wort, wenn du es richtig aussprichst.	

Unité 1 | Joyeux anniversaire !

Les mois de l'année | Die Monate des Jahres

janvier Januar
février Februar
mars März
avril April
mai Mai
juin Juni

juillet Juli
août August
septembre September
octobre Oktober
novembre November
décembre Dezember

Joyeux anniversaire !	Herzlichen Glückwunsch zum Geburtstag!	
un **anniversaire**	ein Geburtstag	C'est mon **anniversaire**.
le **printemps**	der Frühling	J'adore la nature au **printemps**.
l'**été** *m.*	der Sommer	Tu préfères l'été ou l'hiver ?
l'**automne** *m.*	der Herbst	L'anniversaire d'Ali est en **automne**.
l'**hiver** *m.*	der Winter	Je n'aime pas **l'hiver** !

Merke: Man sagt ...

! **au** printemps im Frühling	**en** été im Sommer	**en** automne im Herbst	**en** hiver im Winter

C'est quand... ?	Wann ist ...?	**C'est quand**, ton anniversaire ? Wann ist dein Geburtstag? / Wann hast du Geburtstag?
Quand... ?	Wann ...? *Fragewort*	On arrive **quand** ?
c'est le...	der/das ist am ...	Mon anniversaire, **c'est le** premier mai. Ich habe am ersten Mai Geburtstag.
premier/première *adj.*	erster/erste/erstes	le 1er mai — the 1st (first) of May

La date | Das Datum

Mon anniversaire, c'est **le 20 (vingt) janvier**.

Wenn du das Datum auf Französisch angibst, verwendest du die Grundzahlen: *le 3 mai, le 20 janvier, le 31 août, ...* ▶ Nombres, p. 131

! Im Deutschen verwendest du beim Datum immer die Ordnungszahlen. Das machst du im Französischen nur für den ersten Tag des Monats: *le 1er (premier) avril.*

la **semaine**	die Woche	L'Aïd-el-Fitr, c'est dans une **semaine**.
répéter qc	etw. wiederholen	**Répète** la phrase, s'il te plaît.
! je répète • tu répètes • il/elle/on répète • nous répétons • vous répétez • ils/elles répètent		
après	danach	≠ d'abord
chanter	singen	Tu **chantes** avec moi ?
je chante • tu chantes • il/elle/on chante • nous chantons • vous chantez • ils/elles chantent		
le **mois**	der Monat	J'aime **le mois** de décembre. Ich mag den Dezember.

Unité 1 | Partie A : On fait la fête !

faire la fête	feiern

faire qc	etw. machen, etw. tun	On fait des pizzas !
❗ je fais • tu fais • il/elle/on fait • nous faisons • vous faites • ils/elles font		
la fête	die Feier	Vendredi, je fais une fête.

Les jours de la semaine | Die Wochentage

la semaine
lundi Montag, am Montag
mardi Dienstag, am Dienstag
mercredi Mittwoch, am Mittwoch
jeudi Donnerstag, am Donnerstag
vendredi Freitag, am Freitag

le week-end
samedi Samstag, am Samstag
dimanche Sonntag, am Sonntag

So schreibt man das Datum an die Tafel:
Lundi 24 septembre

une invitation	eine Einladung	🇬🇧 invitation
je t'invite	ich lade dich ein	→ l'invitation
inviter qn	jdn einladen	🇬🇧 to invite
j'invite • tu invites • il/elle/on invite • nous invitons • vous invitez • ils/elles invitent		
Pourquoi... ?	Warum ...? *Fragewort*	**Pourquoi** tu n'invites pas Elif ? Warum lädst du Elif nicht ein?

– **Pourquoi** vous faites la fête dimanche ? – **Parce que** c'est l'anniversaire de mon frère.

Auf Fragen mit *Pourquoi... ?* (Warum ...?) antwortest du mit *parce que* (weil).

à... heure(s)	um ... Uhr	– C'est quand ? – C'est **à dix heures**.
faire de l'escalade	klettern	Mon frère **fait de l'escalade**. Mein Bruder geht klettern.
faire de la trottinette	Scooter fahren, Roller fahren	Moi, j'adore **faire de la trottinette** ! Ich liebe es, Scooter zu fahren.
faire du camping	zelten	Je n'aime pas **faire du camping**. Ich zelte nicht gerne.
faire du / de la / de l' / des	etw. machen *als Hobby*	Vous **faites du** sport ? Macht ihr Sport?
le salon	das Wohnzimmer	Ma chambre est derrière **le salon**.
apporter qc	etw. mitbringen	**Apportez** une salade.
j'apporte • tu apportes • il/elle/on apporte • nous apportons • vous apportez • ils/elles apportent		
les vêtements de sport *m. pl.*	die Sportkleidung	Apporte tes **vêtements de sport**.
le sac de couchage	der Schlafsack	Où est mon **sac de couchage** ?
le cadeau	das Geschenk	❗ *Plural:* **les cadeaux**
Je compte sur toi.	Ich zähle auf dich.	Je fais une fête et **je compte sur toi**.

moi und *toi* verwendest du:

• nach *c'est* und *ce sont*:

C'est moi.
Das bin ich.

• in verkürzten Sätzen ohne Verb:

J'adore le foot. Et toi ?
Ich liebe Fußball. Und du?

• nach Präpositionen:

Je compte sur toi.
Ich zähle auf dich.

• zur Hervorhebung:

Moi, je m'appelle Özge.
Ich heiße Özge.

Unité 1 | Partie B : Un cadeau pour un copain

acheter qc	etw. kaufen	Elle **achète** un maillot de Mbappé.
! j'achète • tu achètes • il/elle/on achète • nous achetons • vous achetez • ils/elles achètent		
comme	als	**Comme** cadeau, on achète un poster.
on pourrait + *inf.*	wir könnten, man könnte	**On pourrait** faire un cadeau ensemble.
une idée	eine Idee	J'ai une **idée** !
le gâteau	der Kuchen, *auch*: der Keks	! *Plural:* les gâteaux

Du kennst nun folgende Nomen, die den Plural auf *-x* bilden:

un animal – des animaux
un bureau – des bureaux
un cadeau – des cadeaux

un gâteau – des gâteaux
un tableau – des tableaux

le gâteau au chocolat	der Schokoladenkuchen	J'aime le **gâteau au chocolat**.
le maillot	das Trikot, *auch:* der Badeanzug / die Badehose	
Ça coûte combien ?	Wie viel kostet das?	
coûter	kosten	→ ça coûte
je coûte • tu coûtes • il/elle/on coûte • nous coûtons • vous coûtez • ils/elles coûtent		
Combien.... ?	Wie viel ....? *Fragewort*	Le livre coûte **combien** ?
un euro	ein Euro	Ça coûte 15 **euros**. Das kostet 15 Euro.
C'est trop cher !	Das ist zu teuer!	
trop	zu, zu sehr	Le maillot de Mbappé est **trop** cher.

je trouve que	ich finde, dass	**Je trouve qu'**un poster, c'est sympa.
trouver qn/qc	jdn/etw. finden	≠ chercher qn/qc
je trouve • tu trouves • il/elle/on trouve • nous trouvons • vous trouvez • ils/elles trouvent		
appeler qn	jdn anrufen	Gabin **appelle** ses copains.
! j'appelle • tu appelles • il/elle/on appelle • nous appelons • vous appelez • ils/elles appellent		
peut-être	vielleicht	Tu as **peut-être** une idée ?
Ça marche ! *fam.*	Geht klar!, Das klappt!, Okay!	

Auf einen Blick

Je fais une fête et je t'invite !

On fait...
de la trottinette
de l'escalade
du camping
du théâtre
de la musique
du basket
du foot
un gâteau
des pizzas

On pourrait aussi...
jouer à Minecraft
regarder une série
écouter de la musique
bricoler
dessiner

des idées pour un cadeau

un stylo	une trousse	une photo
un jeu vidéo	un cahier	une plante
un livre	un manga	une console
une BD	un poster	un sac

Banque de mots (*kein Lernwortschatz*)

En plus, on pourrait...

faire du cheval
reiten

faire de la voile
segeln

faire de la natation
schwimmen

faire du popcorn
Popcorn machen

faire des crêpes
Crêpes machen

faire du volleyball
Volleyball spielen

faire du canoë
Kanu fahren

faire du karaoké
Karaoke singen

Module A : On cherche des corres !

le/la corres *fam.*	der/die Brieffreund/-in, der/die Austauschpartner/-in	*eigentlich:* le correspondant / la correspondante
petit/petite *adj.*	klein	Mon frère est **petit**.
noir/noire *adj.*	schwarz	Le chat est **noir**.
moche *m./f. adj.*	hässlich	Mon bureau est **moche**.
triste *m./f. adj.*	traurig	Ça ne va pas ? Tu es **triste** ?
blanc/blanche *adj.*	weiß	Ma chambre est **blanche**.
joli/jolie *adj.*	hübsch	Ta chambre est **jolie**.
drôle *m./f. adj.*	lustig	Ils sont **drôles** !
grand/grande *adj.*	groß	≠ petit/petite
quand	wenn, immer wenn	**Quand** ma mère est là, on rigole bien. Wenn meine Mutter da ist, lachen wir viel.
rigoler	lachen, Spaß haben	Avec mes copains, on **rigole** souvent.
je rigole • tu rigoles • il/elle/on rigole • nous rigolons • vous rigolez • ils/elles rigolent		
bien	gut	C'est **bien**.
rigoler bien	viel lachen, echt Spaß haben	Avec mon frère, je **rigole bien**.
très	sehr	Elle est **très** sympa.
sportif/sportive *adj.*	sportlich	→ le sport
le **tennis**	Tennis	Le **tennis**, c'est mon sport préféré. Tennis ist mein Lieblingssport.
Je n'ai pas le temps.	Ich habe keine Zeit.	Je voudrais faire du basket, mais **je n'ai pas le temps**.
le **temps**	die Zeit	time
préféré/préférée *adj.*	Lieblings-	Hanoucca, c'est ma fête **préférée**.
le **repas**	das Essen, die Mahlzeit	
végétarien/végétarienne *adj.*	vegetarisch	Ma demi-sœur est **végétarienne**. Meine Halbschwester ist Vegetarierin.
le **look**	der Look, das Outfit	J'aime ton **look**.
porter qc	etw. tragen	
je porte • tu portes • il/elle/on porte • nous portons • vous portez • ils/elles portent		
les **lunettes** *f. pl.*	die Brille	Mes **lunettes** sont rouges. Meine Brille ist rot.
vert/verte *adj.*	grün	Mes vêtements de sport sont **verts**.

La fête des cabanes ist ein jüdisches Fest, das im Herbst gefeiert wird und sieben Tage dauert.

Banque de mots (*kein Lernwortschatz*)

J'aime porter... Ich trage gerne ...

des baskets
Turnschuhe

une casquette
ein/e Cap

des pulls à capuche
Kapuzenpullover

des vêtements noirs
schwarze Kleidung

des lunettes de soleil
eine Sonnenbrille

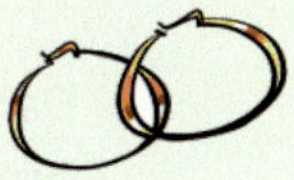

des boucles d'oreille
Ohrringe

des chaussettes multicolores
bunte Socken

des robes
Kleider

un appareil dentaire	eine Zahnspange	Lily a un appareil dentaire.
depuis	seit	Elle est végétarienne **depuis** un mois.
le caractère	der Charakter	Il a un **caractère** de chien. Er ist schwierig/anstrengend.
timide *m./f. adj.*	schüchtern	Son frère est très **timide**.

ERKLÄRFILM

Les adjectifs | Die Adjektive

Mit Adjektiven beschreibst du Personen oder Sachen. Im Französischen werden die meisten Adjektive an das Nomen angeglichen, auf das sie sich beziehen. Du kennst schon folgende Adjektive:

1. Adjektive wie *petit, grand, compliqué, joli, vert,* usw.:

Il est	petit.	Ils sont	petits.
Elle est	petite.	Elles sont	petites.

2. Adjektive mit gleicher männlicher und weiblicher Form z. B. *drôle, moche, timide, triste*:

Il est	drôle.	Ils sont	drôles.
Elle est	drôle.	Elles sont	drôles.

3. Adjektive auf *-if*:

Il est	sportif.	Ils sont	sportifs.
Elle est	sportive.	Elles sont	sportives.

4. Adjektive auf *-ien*:

Il est	vegétarien.	Ils sont	vegétariens.
Elle est	végétarienne.	Elles sont	végétariennes.

5. Die unveränderlichen Adjektive z. B. *sympa, cool, chou, super*: ! Kein *-s* im Plural!

Mon père est	sympa.	Tes frères sont	super.
Ta mère est	cool !	Tes sœurs sont	chou.

Unité 2 | Au collège

le gymnase	die Turnhalle	À côté de la cour, il y a **le gymnase**. Neben dem Schulhof ist die Turnhalle.

le gymnase ≠ das Gymnasium
die Turnhalle — le lycée

la salle de permanence	der Aufenthaltsraum	Dans la **salle de permanence**, on fait les devoirs.
les toilettes *f. pl.*	die Toilette	Où sont les **toilettes** ? Wo ist die Toilette? ! Im Französischen benutzt man *les toilettes* im Plural.
la salle de classe	der Klassenraum	La **salle de classe** de la 4ᵉ C est jolie ! Der Klassenraum der 8c ist hübsch!
la cour	der Schulhof, der Hof	Les élèves sont dans la **cour**. Die Schüler/-innen sind auf dem Schulhof.
la cantine	die Kantine	Je n'aime pas la **cantine**.
le surveillant / la surveillante	die Aufsichtsperson	La **surveillante** est très sympa.
la salle des profs	das Lehrerzimmer	Où est la **salle des profs** ?
le CDI	die Schulbibliothek	Le **CDI**, c'est mon endroit préféré !
la bibliothèque	die Bibliothek	Il y a une **bibliothèque** dans mon quartier.

Au collège

- le surveillant / la surveillante *Aufsichtsperson an französischen Schulen. In Frankreich führen nicht Lehrer/-innen die Pausenaufsicht, sondern die* surveillants/surveillantes.
- la salle de permanence *Raum, in dem Schüler/-innen ihre Freistunden verbringen und bei ihren Hausaufgaben beaufsichtigt werden*
- le CDI (centre de documentation et d'information) *Bibliothek an französischen* collèges *mit Computern und Zugang zum Internet*
- le CPE / la CPE (conseiller principal / conseillère principale d'éducation) *Der/Die CPE ist für das Einhalten der Regeln an der Schule zuständig. Er/Sie schlichtet gemeinsam mit den Schüler/-innen Konflikte und ist Ansprechpartner/-in bei Problemen.*
- l'infirmier/l'infirmière scolaire *Der/Die Schulkrankenpfleger/-in kümmert sich um die Schüler/-innen, wenn sie sich krank fühlen oder sich verletzt haben.*

Unité 2 | Partie A : Votre emploi du temps est super !

un emploi du temps	ein Stundenplan	J'aime mon **emploi du temps**.
la matière	das Schulfach	Tu as une **matière** préférée ? Hast du ein Lieblingsfach?
les maths *f. pl. fam.*	Mathe/Mathematik	*eigentlich:* les mathématiques
les sciences physiques *f. pl.*	Physik	J'adore les **sciences physiques**.
l'histoire-géo *f. fam.*	Geschichte und Erdkunde *französisches Schulfach*	*eigentlich:* l'histoire-géographie
l'histoire *f.*	(die) Geschichte	history
la géographie	(die) Geografie, (die) Erdkunde	J'aime la **géographie**.
la techno *fam.*	Werken	*eigentlich:* la technologie
les arts plastiques *m. pl.*	Kunst *Schulfach*	Tu aimes les cours d'**arts plastiques** ?
l'EPS *f.*	Sport *Schulfach*	*eigentlich:* l'Éducation Physique et Sportive
les SVT *f. pl.*	Biologie und Geologie *französisches Schulfach*	*eigentlich:* les Sciences de la Vie et de la Terre
le latin	Latein *die lateinische Sprache*	J'ai cours de **latin** à trois heures.
votre/vos	euer/eure, Ihr/Ihre	C'est **votre** salle et ce sont **vos** livres.
notre/nos	unser/unsere	Voilà **notre** collège et **nos** profs.
leur/leurs	ihr/ihre	C'est **leur** salle et ce sont **leurs** profs.

Die Possessivbegleiter im Plural

C'est **notre** prof.

C'est **votre** élève ?

C'est **leur** surveillante.

Ce sont **nos** profs.

Ce sont **vos** élèves ?

Ce sont **leurs** surveillants.

aujourd'hui	heute	**Aujourd'hui**, j'ai deux heures d'EPS. Heute habe ich zwei Stunden Sport.
la journée	der Tag *in seinem Ablauf*	Le mardi, c'est ma **journée** préférée. Dienstag ist mein Lieblingstag.

le cauchemar	der Albtraum	Le jeudi, c'est ma journée **cauchemar**. Donnerstag ist mein Albtraumtag.
terminer (qc)	enden, etw. beenden, aufhören	Le mercredi, on **termine** à 14 heures. Mittwochs endet unser Unterricht um 14 Uhr.
je termine • tu termines • il/elle/on termine • nous terminons • vous terminez • ils/elles terminent		
le **cours**	der Unterricht, die Unterrichtsstunde	**Le cours** d'EPS est super ! Der Sportunterricht ist super!
commencer qc	etw. beginnen	≠ terminer qc
je commence • tu commences • il/elle/on commence • ! nous commençons • vous commencez • ils/elles commencent		
toujours	immer, immer noch	Avec mes copines, on rigole **toujours**. Mit meinen Freundinnen lachen wir immer.
avoir de la chance	Glück haben	Vous **avez de la chance** ! Ihr habt Glück! 
expliquer qc	etw. erklären	Le prof d'anglais **explique** bien.
j'explique • tu expliques • il/elle/on explique • nous expliquons • vous expliquez • ils/elles expliquent		
bizarre *m./f. adj.*	komisch, merkwürdig	Le surveillant est **bizarre**.

Le vendredi, j'ai deux heures de musique.
Freitags (= jeden Freitag) habe ich zwei Stunden Musik.

Vendredi, Madame Dumas n'est pas là.
(Diesen/Am) Freitag ist Frau Dumas nicht da.

Banque de mots (*kein Lernwortschatz*)

D'autres matières Weitere Schulfächer

la religion
Religion

la chimie
Chemie

l'informatique *f.*
Informatik

la biologie
Biologie

l'économie domestique *f.*
Hauswirtschaft

les sciences économiques
Wirtschaft

l'éducation civique *f.*
Gemeinschaftskunde

Deine Schulfächer sind nicht dabei? Suche sie in einem Online-Wörterbuch.
▶ Méthodes, p. 125

Unité 2 | Partie B : Donnez votre avis sur le collège !

donner qc	etw. geben, aufgeben	Les profs **donnent** des devoirs.
je donne • tu donnes • il/elle/on donne • nous donnons • vous donnez • ils/elles donnent		
un **avis**	eine Meinung	Ce n'est pas mon **avis**.
donner son avis sur qc	seine Meinung über etw. äußern	**Donnez votre avis sur** le collège. Äußert eure Meinung über die Schule.
à mon avis	meiner Meinung nach	**À mon avis**, c'est nul. Meiner Meinung nach ist das doof.
beaucoup de + *nom*	viel/viele	Dans mon collège, il y a **beaucoup d'**élèves. In meiner Schule gibt es viele Schüler/-innen.
ne... pas assez de + *nom*	nicht genug, nicht genügend	Il **n'**y a **pas assez de** clubs. Es gibt nicht genügend AGs.
assez de + *nom*	genug, genügend	Est-ce qu'il y a **assez de** toilettes ? Gibt es genug Toiletten?
trop de + *nom*	zu viel/viele	On a **trop de** cours. Wir haben zu viel Unterricht.
ne... pas de + *nom*	keinen/keine/kein	Il **n'**y a **pas de** chaises. Es gibt keine Stühle.

Die Mengenangaben

On **n'**a **pas de** vacances.
Wir haben keine Ferien.

On a **assez de** vacances.
Wir haben genug Ferien.

On **n'**a **pas assez de** vacances.
Wir haben nicht genug Ferien.

On a **beaucoup de** vacances.
Wir haben viele Ferien.

On a **trop de** vacances.
Wir haben zu viele Ferien.

la **vidéo**	das Video, der Film	On regarde une **vidéo** ensemble ?
le **bruit**	der Lärm, das Geräusch	À la cantine, il y a trop de **bruit**. In der Kantine ist es zu laut. *wortwörtlich:* In der Kantine gibt es zu viel Lärm.
un **ascenseur**	ein Aufzug	
la **récréation**	die Hofpause	*umgangssprachlich:* la **récré**
dommage *adj.*	schade	C'est **dommage** !
je pense que	ich denke, dass	**Je pense que** c'est super !

penser	denken	

je pense • tu penses • il/elle/on pense • nous pensons • vous pensez • ils/elles pensent

le gâchimètre *Zu jeder Mahlzeit isst man in Frankreich Baguette. Oft bleibt davon viel übrig und die Reste werden weggeworfen. Um auf die Verschwendung aufmerksam zu machen, gibt es in einigen Kantinen eine durchsichtige Brot-Biotonne.*

gaspiller qc	etw. verschwenden	À la cantine, on **gaspille** beaucoup.

je gaspille • tu gaspilles • il/elle/on gaspille • nous gaspillons • vous gaspillez • ils/elles gaspillent

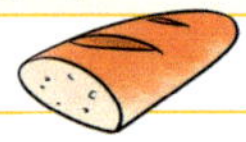

le pain	das Brot	
le terrain	der Platz, das Feld *für Sport*	Il y a un **terrain** de foot dans la cour. Es gibt einen Fußballplatz auf dem Schulhof.
être pour (qn/qc)	dafür sein, für jdn/etw. sein	≠ être contre (qn/qc)

Auf einen Blick

Au collège, il y a...

les profs

les élèves

les surveillants / surveillantes

Il y a aussi...

la salle de classe

la cour

le CDI

la cantine

les toilettes

le gymnase

la salle des profs

la salle de permanence

Au collège, on a cours…

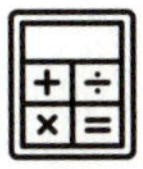
de maths

de sciences physiques

d'histoire-géo

de techno(logie)

d'arts plastiques

de français

d'allemand

d'anglais

de SVT

d'EPS

de musique

de latin

Banque de mots (*kein Lernwortschatz*)

Pour notre collège, je voudrais… Für unsere Schule hätte ich gerne …

une cafétéria
eine Cafeteria

un distributeur de boissons
einen Getränkeautomaten

un casier pour chaque élève
ein Fach für jede/-n Schüler/-in

des tableaux blancs interactifs
Smartboards

des bancs
Bänke

des tables de ping-pong
Tischtennisplatten

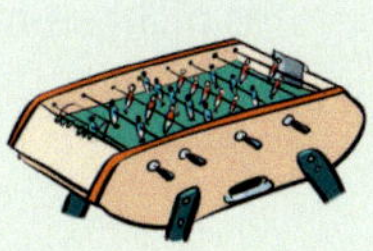
un baby-foot
einen Kicker

un orchestre
ein Orchester

Module B : Il est quelle heure ?

Il est quelle heure ?	Wie viel Uhr ist es? / Wie spät ist es?	
la minute	die Minute	Une **minute** a 60 **secondes**.
la seconde	die Sekunde	J'arrive dans une **seconde** !

Il est quelle heure ? Wie spät ist es? ► Eine Übersicht der Zahlen findest du auf S. 131.

Il est deux heures cinq.

Il est... Es ist ...

Il est trois heures et quart.

et quart Viertel nach
le quart die Viertelstunde

Il est quatre heures et demie.

et demie halb
❗ Il est midi et demi.

Il est six heures moins le quart.

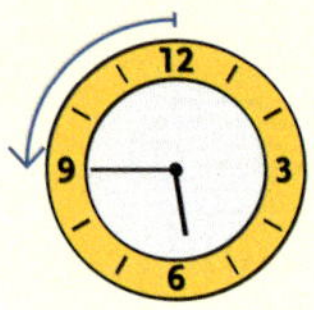

moins le quart Viertel vor

Il est sept heures moins dix.

moins weniger, minus

Il est midi. / Il est minuit.

midi 12 Uhr mittags
minuit Mitternacht

vite	schnell
en retard	zu spät
le retard	die Verspätung
la montre	die Armbanduhr
à l'heure	pünktlich
chercher midi à quatorze heures	die Dinge komplizierter machen, als sie sind (*wortwörtlich:* 12 bei 14 Uhr suchen; d. h. etwas suchen, wo es nicht sein kann)

L'HEURE, C'EST L'HEURE !

Vite, Léonard,
On est en retard !
Il est quatre heures et quart.
Mais non, Constance,
Ta montre avance.
On n'est pas en retard.
Et on n'est pas en avance.
Il est quelle heure ?
Il est quatre heures.
On est à l'heure.
À la bonne heure !
Avant l'heure, c'est pas l'heure.
Après l'heure, c'est plus l'heure.
Ne cherche pas midi à
14 heures.
L'heure, c'est l'heure !

Unité 3 | Qu'est-ce qu'on fait ce week-end ?

ce week-end	dieses Wochenende, an diesem Wochenende	Qu'est-ce qu'on fait **ce week-end** ? Was machen wir dieses Wochenende?
pour + *inf.*	um etw. zu tun; zum + *Nomen*	Les Halles, c'est sympa **pour faire** du shopping !

le match	das Spiel *Sport*	match
le film	der Film	On regarde un **film** ?
le concert	das Konzert	concert
la balade	der Spaziergang	On fait une **balade** ensemble ? Gehen wir zusammen spazieren?
un atelier	ein Workshop	Ce week-end, il y a un **atelier** de danse.
faire du shopping	shoppen (gehen)	Je **fais du shopping** avec ma sœur. Ich gehe mit meiner Schwester shoppen.
faire du skate	Skateboard fahren	
le skate	das Skateboard	
retrouver qn	jdn treffen, sich mit jdm treffen	Ce week-end, je **retrouve** mes amis.
je retrouve • tu retrouves • il/elle/on retrouve • nous retrouvons • vous retrouvez • ils/elles retrouvent		

le Stade de France *größtes Stadion Frankreichs, nördlich von Paris, 81300 Plätze*
la Recyclerie *ehemaliger Bahnhof, heute ein ökologisches Zentrum mit Freizeitangeboten*
la piscine Joséphine Baker *Schwimmbad im 13. Arrondissement, das auf der Seine „schwimmt"*
les Halles *berühmtes Einkaufszentrum im Zentrum von Paris*
le Parc de la Villette *größter Park von Paris*
le Centquatre (104) *Kulturzentrum im 19. Pariser Arrondissement*

La Recyclerie

Unité 3 | Partie A : Vous allez où ?

aller	gehen, fahren	On **va** au skatepark ? Gehen wir zum Skatepark?
! je vais • tu vas • il/elle/on va • nous allons • vous allez • ils/elles vont		
le skatepark	der Skatepark	→ le skate
On y va !	Los geht's!, Wir gehen dahin.	
maintenant	jetzt	Je n'ai pas le temps **maintenant**. Ich habe jetzt keine Zeit.
être désolé/désolée	etw. bedauern, etw. tut jdm leid	Nina **est désolée** parce qu'elle est en retard. Es tut Nina leid, weil sie zu spät ist.
Je ne peux pas.	Ich kann nicht.	*umgangssprachlich:* J'peux pas.
Ah bon ?	Ach so?, Wirklich?	– La prof d'ESP n'est pas là. – **Ah bon ?**

Pourquoi pas ?	Warum nicht?	D'accord, **pourquoi pas** ?!
À quelle heure… ?	Um wie viel Uhr …? / Wann …?	Le concert est **à quelle heure** ? Um wie viel Uhr ist das Konzert?
Je n'ai pas envie.	Ich habe keine Lust.	
avoir envie (de faire qc)	Lust haben (etw. zu tun)	– Tu as envie d'aller à la piscine ? – Non, je n'ai pas envie.

Unité 3 | Partie B : Rendez-vous au Parc de la Villette !

le rendez-vous	die Verabredung, der Termin, *hier:* der Treffpunkt	
vouloir qc	etw. wollen	Je **veux** un chien.
! je veux • tu veux • il/elle/on veut • nous voulons • vous voulez • ils/elles veulent		
vouloir + *inf.*	etw. tun wollen	Elle **veut** inviter son ami. Sie will ihren Freund einladen.
chez + *personne*	bei, zu *einer Person*	On va **chez** Ayoub ? Gehen wir zu Ayoub?
surfer (sur Internet)	(im Internet) surfen	
je surfe • tu surfes • il/elle/on surfe • nous surfons • vous surfez • ils/elles surfent		
l'Internet *m.*	das Internet	J'adore surfer sur **Internet**.
pouvoir + *inf.*	etw. tun können	Tu **peux** acheter deux croissants ?
! je peux • tu peux • il/elle/on peut • nous pouvons • vous pouvez • ils/elles peuvent		
tout le monde	alle	**Tout le monde** aime les vacances. Alle lieben Ferien. ! Nach *tout le monde* steht das Verb im Singular.
le truc *fam.*	das Ding, die Sache	Samedi, on fait un **truc** ensemble ? Machen wir Samstag etwas zusammen?
Ce n'est pas mon truc. *fam.*	Das ist nicht mein Ding.	Le sport, **ce n'est pas mon truc**. Sport ist nicht mein Ding.
Ça te dit ? *fam.*	Passt dir das?	
Ça vous dit ? *fam.*	Passt euch das?	
Mince !	Mist!	**Mince** ! Je n'ai pas mes clés.
les baskets *f. pl.*	die Turnschuhe	Ils veulent acheter des **baskets**.
l'argent *m.*	das Geld	Je n'ai pas assez **d'argent**.
gratuit/gratuite *adj.*	gratis, kostenlos, umsonst	L'atelier est gratuit.
C'est génial ! *fam.*	Das ist toll!, Das ist genial!	

Bonne idée !	Gute Idee!	– On fait du skate ? – **Bonne idée !**
Bisous	Liebe Grüße *wortwörtlich:* Küsschen	Bisous de Paris !
la station de métro	die U-Bahn-Station	Rendez-vous à la **station de métro.** Treffen an der U-Bahn-Station.

Auf einen Blick

Est-ce que tu veux... ?

- regarder un match
- écouter un concert
- faire de la danse
- regarder un film

- faire une balade
- faire un atelier
- faire de l'escalade
- faire du shopping

- retrouver les copains
- bricoler ensemble
- jouer à Minecraft
- surfer sur Internet

Je ne peux pas parce que...

j'ai
- trop de devoirs
- basket
- foot
- théâtre

je fais
- de la trottinette
- du skate
- du tennis
- du shopping

je vais
- à la piscine
- chez ma tante
- au stade
- au cinéma

Banque de mots (*kein Lernwortschatz*)

Mais demain, on pourrait... Aber morgen könnten wir ...

faire du vélo
Fahrrad fahren

faire la cuisine
kochen

faire des selfies
Selfies machen

chiller
chillen

Module C : Ma chanson préférée

la chanson	das Lied	→ le chanteur / la chanteuse 
je vais vous présenter qc	ich werde euch/Ihnen etw. vorstellen	**Je vais vous présenter** ma chanson préférée.
présenter qn/qc	jdn/etw. vorstellen	🇬🇧 to present
je présente • tu présentes • il/elle/on présente • nous présentons • vous présentez • ils/elles présentent		
Santé !	Prost!	*eigentlich:* À ta santé ! (*Auf deine Gesundheit!*) *beim Anstoßen mit Getränken*
la mélodie	die Melodie	J'aime la **mélodie** de la chanson.
le texte	der Text	Je ne comprends pas le **texte**.
la présentation	die Präsentation	🇬🇧 presentation
utiliser qc	etw. benutzen	🇬🇧 to use
j'utilise • tu utilises • il/elle/on utilise • nous utilisons • vous utilisez • ils/elles utilisent		
des mots nouveaux	neue Wörter	Je vais utiliser des **mots nouveaux**.
la liste	die Liste	Voilà la **liste**.
ensuite	dann, danach	**Ensuite**, on va parler du chanteur.
le message	die Botschaft, die Aussage	🇬🇧 message
pour finir	zum Schluss, am Ende	**Pour finir**, on va écouter la chanson.
le/la Belge	der/die Belgier/-in	Stromae et Angèle sont **Belges**.
le refrain	der Refrain	Je n'aime pas le **refrain**. 
célèbre *m./f. adj.*	berühmt	
le problème	das Problem	Est-ce que tu as un **problème** ? Hast du ein Problem?
les gens *m. pl.*	die Leute	Les **gens** dans mon quartier sont sympa !
ça veut dire	das heißt	Qu'est-ce que **ça veut dire** ? Was heißt das?
la vie	das Leben	J'adore ma **vie** !
beaucoup	viel, sehr	J'aime **beaucoup** la mélodie. Die Melodie mag ich sehr.
difficile *m./f. adj.*	schwer, schwierig	Le texte est un peu **difficile**.
important/importante *adj.*	wichtig	🇬🇧 important 
Merci de votre attention.	Danke für eure/Ihre Aufmerksamkeit.	

Unité 4 | Qu'est-ce qu'on mange ?

manger qc	etw. essen	Qu'est-ce que tu veux **manger** ?
je mange • tu manges • il/elle/on mange • ❗ nous mangeons • vous mangez • ils/elles mangent		
bon/bonne *adj.*	gut, *beim Essen:* lecker	C'est très **bon** ! Das ist sehr lecker!
le plat	das Hauptgericht, das Gericht	La pizza, c'est mon **plat** préféré. Pizza ist mein Lieblingsgericht.
Quel est ton plat préféré ?	Was ist dein Lieblingsgericht?	
le steak	das Steak	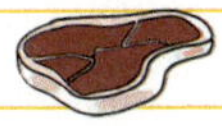
le riz	der Reis	🇬🇧 rice
les frites *f. pl.*	die Pommes frites	Je voudrais des **frites**. Ich hätte gerne Pommes. 
la crêpe	die Crêpe	Il y a des **crêpes** à la cantine !
préparer qc	etw. vorbereiten, *hier:* etw. zubereiten	Mon père **prépare** une salade.
je prépare • tu prépares • il/elle/on prépare • nous préparons • vous préparez • ils/elles préparent		
il faut qc	man braucht / wir brauchen etw.	Pour faire le gâteau, **il faut** du sucre. Um den Kuchen zu backen, brauchen wir Zucker.
un œuf	ein Ei	❗ *Plural:* les œufs

un œuf  un neuf **9**

1 **j'ai eu** ich habe bekommen

le lait	die Milch	
le sucre	der Zucker	🇬🇧 sugar
la farine	das Mehl	Pour les crêpes, il faut de la **farine**. Man braucht Mehl für die Crêpes.
les pâtes *f. pl.*	die Nudeln	J'adore les **pâtes** avec du fromage. Ich liebe Nudeln mit Käse.
les légumes *m. pl.*	das Gemüse	
la sauce	die Soße	**La sauce** est bonne ! Die Soße ist lecker!
le croque-monsieur	*französisches Sandwich*	▶ Rezept in der Cornelsen Lernen App
le fromage	der Käse	
le jambon	der Schinken	Je ne mange pas de **jambon**.

Unité 4 | Partie A : À la cantine

le menu	das Menü, der Speiseplan, die Speisekarte	À la cantine, il y a toujours un **menu**.
une entrée	eine Vorspeise	Qu'est-ce qu'il y a comme **entrée** ? Was gibt es als Vorspeise?
la soupe	die Suppe	soup
la tomate	die Tomate	Je fais une sauce avec des **tomates**.
la carotte	die Karotte, die Möhre	
le gratin	der Auflauf, **das** Gratin	À la cantine, il y a souvent du **gratin**. In der Kantine gibt es oft Auflauf.
le potiron	der Kürbis	
le dessert	die Nachspeise, der Nachtisch	Comme **dessert**, je mange des fruits.
le fruit	die Frucht, das Obst	fruit
le gâteau aux pommes	der Apfelkuchen	Le **gâteau aux pommes**, c'est mon gâteau préféré.
la pomme	der Apfel	
avoir faim	Hunger haben	J'ai **faim** ! 
prendre qc	etw. nehmen	Est-ce que tu **prends** un dessert ?
! je prends • tu prends • il/elle/on prend • nous prenons	vous prenez • ils/elles prennent	
orange *m./f. adj.*	orange	Le potiron est **orange**.
ça *fam.* / cela	das	Et **ça**, c'est mon plat préféré ! Und das ist mein Lieblingsgericht!
sans	ohne	≠ avec
la viande	das Fleisch	Elsa ne mange pas de **viande**.
Attention !	Achtung!	

Anders als in Deutschland ist es an vielen französischen *collèges* verboten, außerhalb der Kantine zu essen.

Unité 4 | Partie B : À table

à table	am Esstisch, *auch:* Essen (ist fertig)!, Zu Tisch!	**À table !** Essen (ist fertig)! 
ne… jamais	nie	Je **ne** mange **jamais** de poisson. Ich esse nie Fisch.
ne… plus	nicht mehr	Je **n'**ai **plus** envie. Ich habe keine Lust mehr.
ne… rien	nichts	Il **n'**apporte **rien** pour le repas. Er bringt nichts für das Essen mit.
mettre qc	etw. stellen, etw. setzen, etw. legen	**Mets** les verres sur l'étagère. Stell die Gläser auf das Regal.
! je mets • tu mets • il/elle/on met • nous mettons • vous mettez • ils/elles mettent		
mettre la table	den Tisch decken	Tu peux **mettre la table**, s'il te plaît ? 
le paquet	das Paket, die Packung	Luc achète un **paquet** de gâteaux.
miam *fam.*	mmh *wenn etw. gut schmeckt*	**Miam**, c'est bon ! 
l'eau *f.*	das Wasser	Tu veux de **l'eau** ? Willst du Wasser?
la bouteille	die Flasche	bottle
le coca	die Cola	Coke
le verre	das Glas	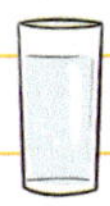
Bon appétit !	Guten Appetit!	
Tu me passes… ?	Gibst du mir …?	**Tu me passes** l'eau, s'il te plaît ?
le sel	das Salz	salt
la recette	das (Koch-)Rezept	Est-ce que je peux avoir la **recette** ?
beurk *fam.*	igitt	**Beurk**, ce n'est pas bon !
Je n'ai plus faim.	Ich bin satt.	*wortwörtlich:* Ich habe keinen Hunger mehr.
goûter qc	etw. probieren, etw. kosten	Je peux **goûter** ton gâteau ?
je goûte • tu goûtes • il/elle/on goûte • nous goûtons • vous goûtez • ils/elles goûtent		
avoir soif	Durst haben	**J'ai soif !** 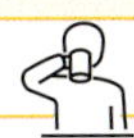
prêt/prête *adj.*	fertig	Le repas est **prêt**. Das Essen ist fertig.
poli/polie *adj.*	höflich	polite

Die Franzosen/Französinnen gehören zu den größten „Käse-Essern" der Welt. Nach dem Hauptgericht wird oft Käse gegessen.

Auf einen Blick

À table !

- le menu
  - l'eau, le coca 
  - la baguette, le pain 
  - l'entrée
    - la soupe
    - la salade 
  - le plat
    - le gratin avec du jambon
    - la pizza avec du fromage
    - la viande, le steak, le jambon, le poisson 
    - les pâtes avec de la sauce 
    - le riz, les frites, les légumes  la tomate, la carotte, le potiron
  - le fromage 
  - le dessert
    - le fruit
      - la pomme 
    - la pâtisserie, la crêpe, le gâteau 
      - un œuf, le lait, le sucre, la farine, le sel, le chocolat  

Banque de mots (*kein Lernwortschatz*)

Dans la cuisine, il y a aussi... In der Küche gibt es auch ...

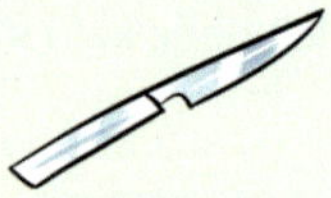

un couteau
ein Messer

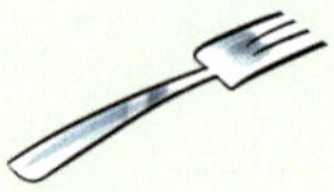

une fourchette
eine Gabel

une cuillère
einen Löffel

une assiette
einen Teller

un bol
eine Schüssel

une tasse
eine Tasse

du poivre
Pfeffer

une carafe d'eau
eine Wasserkaraffe

Module D : En cours de français

corriger qc	etw. korrigieren, etw. berichtigen	Les profs **corrigent** les devoirs.
je corrige • tu corriges • il/elle/on corrige • ! nous corrigeons • vous corrigez • ils/elles corrigent		
Lis !	Lies! *Imperativ*	Lis le texte.
Lisez !	Lest! *Imperativ*	Lisez le livre.
On est quel jour ?	Welcher Tag ist heute?	
On est le...	Heute ist der ...	Aujourd'hui, **on est le** 14 juin. Heute ist der 14. Juni.
Est-ce que je peux ouvrir la fenêtre ?	Kann ich das Fenster öffnen?	
marcher	gehen, funktionieren	→ Ça marche.
je marche • tu marches • il/elle/on marche • nous marchons • vous marchez • ils/elles marchent		
les écouteurs *m. pl.*	die Kopfhörer	→ écouter qc
un exercice	eine Übung	exercise
la page	die Seite	page
il faut + *inf.*	man muss / wir müssen etw. tun	Qu'est-ce qu'il **faut** faire ? Was müssen wir machen?

il faut + *infinitif*

Il faut être à l'heure.
Man muss pünktlich sein.

il faut + *nom*

Il faut des plantes dans la classe.
Wir brauchen Pflanzen im Klassenraum.

Réponds aux questions.	Beantworte die Fragen. *Imperativ*	
Répondez aux questions.	Beantwortet die Fragen. *Imperativ*	
Ça y est ! *fam.*	So!, Geschafft!	Ça y est ! J'ai fini !
Vous avez fini ?	Seid ihr fertig?	
Apprenez le vocabulaire.	Lernt die Vokabeln. *Imperativ*	**Apprenez le vocabulaire** de l'unité 4.
une unité	eine Lektion	unit
le contrôle	der Test, *eigentlich:* die Kontrolle	Jeudi, on a un **contrôle** d'anglais.
malade *m./f. adj.*	krank	Noa n'est pas là, il est **malade**.

Unité 5 | C'est les vacances !

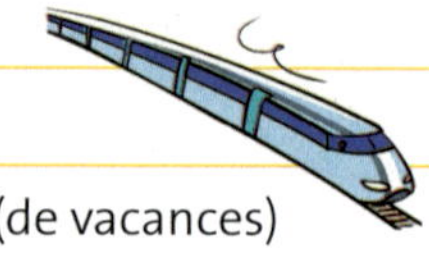

C'est les vacances !	Es sind Ferien!	
le train	der Zug	(GB) train
la colo *fam.*	das Ferienlager	*eigentlich:* la colonie (de vacances)

In Frankreich fahren in den achtwöchigen Sommerferien jährlich 1,3 Millionen Kinder und Jugendliche in eine *colonie de vacances*. Es gibt ein großes Angebot zu verschiedenen Themen: *colos de sport, de musique, de nature, d'astronomie* ... Hättest du Lust, zwei Wochen in so einem Ferienlager zu verbringen?

faire du VTT	Mountainbike fahren	Ce week-end, je vais **faire du VTT.** Am Wochenende werde ich Mountainbike fahren.
la plage	der Strand	En août, je voudrais aller à la **plage.**
la glace	das Eis	
la maison	das Haus	J'habite dans une **maison.**
à la maison	zu Hause, nach Hause	Je reste **à la maison.** Ich bleibe zu Hause. = Je reste **chez moi.** 
visiter qc	etw. besichtigen	(GB) to visit
je visite • tu visites • il/elle/on visite • nous visitons • vous visitez • ils/elles visitent		
le château	das Schloss	(!) *Plural:* les châteaux — schato
j'aimerais + *inf.*	ich würde gerne etw. tun	**J'aimerais** aller en Tunisie.

L'Auvergne *Region im Zentrum Frankreichs, bekannt für ihre Vulkane*
Blois *französische Stadt an der Loire; bekannt für ihr Schloss, das sich in der Stadtmitte befindet*
Chambord *Gemeinde, die vor allem für ihr Schloss bekannt ist*
La Loire *mit 1012 Kilometern längster Fluss Frankreichs. Entlang der Loire stehen über 400 Schlösser: z. B. das Schloss Chenonceau*
La Guadeloupe *Guadeloupe liegt in der Karibik, etwa 6700 km von Paris entfernt. Die Inselgruppe hat rund 400.000 Einwohner/-innen, ist ein französisches Überseegebiet und gehört somit zur EU.*

Schloss Chenonceau, Loire

La Tunisie *Tunesien liegt in Nordafrika, gehört zum Maghreb und hat 12 Millionen Einwohner/-innen. Weil das Land früher eine französische Kolonie war, spricht man dort auch Französisch.*

Unité 5 | Partie A : Il fait quel temps en Guadeloupe ?

Il fait quel temps ?	Wie ist das Wetter?	Il fait quel temps chez toi ?
le temps	*hier:* das Wetter	

Il pleut.
Es regnet.

Il fait froid.
Es ist kalt.

Il fait beau.
Es ist schönes Wetter.

Il fait chaud.
Es ist warm/heiß.

Il neige.
Es schneit.

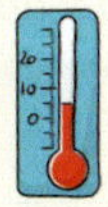

Il fait 5 degrés.
Es sind 5 Grad.
le degré
das Grad

le matin	der Morgen, am Morgen, morgens	**Le matin**, il fait encore froid. Morgens ist es noch kalt.
l'après-midi *m.*	der Nachmittag, am Nachmittag, nachmittags	**L'après-midi**, je fais mes devoirs. Am Nachmittag mache ich meine Hausaufgaben.
le soir	der Abend, am Abend, abends	≠ le matin
la nuit	die Nacht, in der Nacht, nachts	
C'est pas grave ! *fam.*	Nicht schlimm!, Macht nichts!	*eigentlich:* Ce n'est pas grave !
le portable	das Handy	
chatter	chatten	J'adore **chatter** avec mon ami.
je chatte • tu chattes • il/elle/on chatte • nous chattons • vous chattez • ils/elles chattent		
ce/cet/cette/ces	dieser/diese/dieses	**Cette** semaine, il fait beau.

ce matin heute Morgen
ce soir heute Abend
cet après-midi heute Nachmittag
cette semaine diese Woche, in dieser Woche
ces vacances diese Ferien, in diesen Ferien

content/contente *adj.*	glücklich, zufrieden	Clara est **contente**. 
demain	morgen	Qu'est-ce que tu fais **demain** ?
parfois	manchmal	**Parfois**, on mange au restaurant.
dehors	draußen	Il fait froid **dehors**.
T'inquiète ! *fam.*	Keine Sorge!	*eigentlich:* Ne t'inquiète pas !
quelque chose	etwas	Tu veux manger **quelque chose** ?

Banque de mots (*kein Lernwortschatz*)

Il y a du soleil.
Die Sonne scheint.

Il y a du vent.
Es ist windig.

Il y a des nuages.
Es ist bewölkt.

Il y a un orage.
Es gewittert.

Unité 5 | Partie B : Messages de vacances

le **message**	*hier:* die Nachricht	J'ai un **message** de mon père.
la **montagne**	der Berg, das Gebirge	
C'était (super/sympa/cool/nul) !	Das/Es war (super/nett/cool/ doof)!	J'ai fait une fête samedi. **C'était** cool !
le **volcan**	der Vulkan	volcano
hier	gestern	≠ demain
organiser qc	etw. organisieren	J'organise mes vacances.
j'organise • tu organises • il/elle/on organise • nous organisons • vous organisez • ils/elles organisent		
Quoi ? *fam.*	Was? *Fragewort*	Tu fais **quoi** ? Was machst du?
avoir peur	Angst haben, Angst bekommen	**J'ai eu peur.** Ich habe Angst bekommen.
le **pique-nique**	das Picknick	picnic
tard	spät	Ce soir, je rentre **tard**.

un **iguane**
ein Leguan

le **flan de coco**
der Kokosflan
eine Art Kokospudding

Auf einen Blick

Ce week-end / Hier / Samedi, ...

... je suis allé/allée
à la plage / à la piscine
à la montagne
au cinéma
au restaurant
au skatepark
chez mes grands-parents

... j'ai fait
une colo
de l'escalade
de la trottinette
du basket / du foot / du VTT
du shopping / du camping
des balades / des photos
un pique-nique

... j'ai
visité des musées / des châteaux
mangé une glace
joué sur mon portable
chatté avec mes amis
dessiné des mangas
écouté de la musique

Banque de mots (*kein Lernwortschatz*)

Demain, on va...

faire un tour à vélo
eine Fahrradtour machen

chiller au soleil
in der Sonne chillen

faire une randonnée
wandern

nager dans un lac
in einem See schwimmen

faire du surf
surfen

faire du beachvolley
Beachvolleyball spielen

faire de la planche à voile
windsurfen

faire un tour en bateau
eine Schifffahrt machen

Pour aller en vacances, je prends...

le vélo
das Fahrrad

l'avion *m.*
das Flugzeug

la voiture
das Auto

le bateau
das Schiff

le car
der Fernbus

Hier findest du französische Sätze mit ihrer deutschen Übersetzung. Da jede Sprache anders funktioniert, ist eine wortwörtliche Übersetzung oft nicht möglich: Achte daher auf die kleinen Unterschiede.

1 Sich und andere vorstellen

1.1 Sich kennenlernen

	– Tu t'appelles comment ? – Je m'appelle (Amir). Et toi ?	– Wie heißt du? – Ich heiße (Amir). Und du?
	– Tu as quel âge ? – J'ai (14) ans. Et toi ?	– Wie alt bist du? – Ich bin (14) Jahre alt. Und du?
	– Tu habites où ? – J'habite à (Berlin).	– Wo wohnst du? – Ich wohne in (Berlin).
	Je suis de (Brême).	Ich komme aus (Bremen).
	Je suis au collège (Anne Frank).	Ich bin auf der (Anne Frank-)Schule.
	– Tu es en (cinquième) ? – Non, je suis en (quatrième).	– Bist du in der (7.) (*wortwörtlich:* 5.) Klasse? – Nein, ich bin in der (8.) (*wortwörtlich:* 4.) Klasse.
	– Tu parles quelles langues ? – Je parle (allemand), (anglais) et un peu (français).	– Welche Sprachen sprichst du? – Ich spreche (Deutsch), (Englisch) und ein bisschen (Französisch).
	– Le garçon / La fille, c'est qui ? – C'est mon ami/amie.	– Wer ist der Junge / das Mädchen? – Das ist mein/-e Freund/-in.
	Nous sommes dans la même classe.	Wir sind in derselben Klasse.
	Je n'ai pas d'animal parce que j'ai une allergie.	Ich habe kein Haustier, weil ich eine Allergie habe.
Unité 1	– C'est quand, ton anniversaire ? – C'est le (3 août).	– Wann hast du Geburtstag? – Am (3. August).

1.2 Über Hobbys, Vorlieben und Abneigungen sprechen

	Qu'est-ce que tu aimes/détestes ?	Was magst/hasst du?
	J'aime (la danse), mais je n'aime pas (le basket).	Ich mag (Tanzen), aber (Basketball) mag ich nicht.
	J'adore (les vacances) !	Ich liebe (Ferien)!
	Je suis fan de (sciences).	Ich bin (Wissenschafts-)Fan.
	J'adore ranger ma chambre !	Ich liebe es, mein Zimmer aufzuräumen!
	(Mon lit), c'est mon endroit préféré !	(Mein Bett) ist mein Lieblingsort!

Du kannst dir die *Expressions utiles* auch anhören. ▶ Cornelsen Lernen App

	Mon groupe préféré, c'est (Bigflo & Oli).	Meine Lieblingsgruppe ist (Bigflo & Oli).
Unité 2	Le (vendredi), c'est ma journée préférée.	(Freitag) ist mein Lieblingstag.
	(Musique), c'est ma matière préférée !	(Musik) ist mein Lieblingsfach!
	Ma journée cauchemar, c'est le (mardi) parce qu'on a (deux) heures de (maths).	(Dienstag) ist mein Horrortag, weil wir (zwei) Stunden (Mathe) haben.
	J'aime le lundi. / Je n'aime pas le lundi.	Ich mag Montage. / Ich mag Montage nicht.
Unité 3	(La trottinette), ce n'est pas mon truc.	(Scooterfahren) ist nicht mein Ding.

1.3 Die eigene Familie vorstellen

	– Ta famille est comment ? – Ma famille est (sympa).	– Wie ist deine Familie? – Meine Familie ist (nett).
	Ma famille, c'est un peu compliqué.	Meine Familie ist ein bisschen kompliziert.
	Dans ma famille, nous sommes (trois). Il y a (mes parents) et (moi).	In meiner Familie sind wir zu (dritt). Es gibt (meine Eltern) und (mich).
	– Tu as des frères et sœurs ? – J'ai (un frère) et (deux sœurs). / Je n'ai pas de frères et sœurs.	– Hast du Geschwister? – Ich habe (einen Bruder) und (zwei Schwestern). / Ich habe keine Geschwister.
	J'ai aussi (une demi-sœur), (Yaël).	Ich habe auch (eine Halbschwester), (Yaël).
	Mes parents sont séparés/ensemble.	Meine Eltern sind getrennt/zusammen.
	Mon frère est chou, mais il m'énerve un peu.	Mein Bruder ist süß, aber er nervt ein bisschen.
	Pendant les vacances, je suis souvent chez (mon père) à (Stuttgart).	Während der Ferien bin ich oft bei (meinem Vater) in (Stuttgart).
Module A	J'aime (ma grand-mère) ! Quand (elle) est là, on rigole bien.	Ich mag (meine Großmutter)! Wenn (sie) da ist, lachen wir viel.

1.4 Sich und andere beschreiben

	C'est moi.	Das bin ich.
	(Ma copine) est sympa/super/cool.	(Meine Freundin) ist nett/super/cool.
	Il/Elle est fan de (Kylian Mbappé).	Er/Sie ist Fan von (Kylian Mbappé).
Module A	Je porte des lunettes et en plus, j'ai un appareil dentaire depuis (un mois).	Ich trage eine Brille und außerdem habe ich seit (einem Monat) eine Zahnspange.
	(Mon chat) est moche mais très chou.	(Meine Katze) ist hässlich, aber sehr süß.
	(Ela) est très sportive : (elle) (fait de l'escalade) et (du tennis).	(Ela) ist sehr sportlich: (Sie) (klettert) und (spielt Tennis).

	Je voudrais (faire de la guitare) mais je n'ai pas le temps.	Ich würde gerne (Gitarre spielen), aber ich habe keine Zeit.
	(Ma sœur) est (végétarienne) parce qu'(elle) aime les animaux.	(Meine Schwester) ist (Vegetarierin), weil (sie) Tiere mag.
	(Ma mère) est (grande) et (mon père) est (petit).	(Meine Mutter) ist (groß) und (mein Vater) ist (klein).
	Je suis timide, mais j'aime rigoler.	Ich bin schüchtern, aber ich lache gern.
	Mon ami est (sympa) et très (drôle).	Mein Freund ist (nett) und sehr (lustig).
Unité 2	Il/Elle est un peu bizarre.	Er/Sie ist ein bisschen komisch.

2 Über den Schulalltag sprechen

2.1 Die eigene Schule vorstellen / Seine Meinung über die Schule äußern

	Je suis au collège (Primo Levi).	Ich bin auf der (Primo Levi-)Schule.
	Je suis en (quatrième).	Ich bin in der (8.) (*wortwörtlich:* 4.) Klasse.
	On est ensemble dans le club de (drones).	Wir sind zusammen in der (Drohnen-)AG.
Unité 2	Dans notre classe, il y a (27) élèves : (15) filles et (12) garçons.	In unserer Klasse sind (27) Schüler/-innen: (15) Mädchen und (12) Jungen.
	Il y a trop d'élèves dans les classes.	Es gibt zu viele Schüler/-innen in den Klassen.
	Il n'y a pas assez de récréations.	Es gibt nicht genug Pausen.
	Nos profs sont (drôles), mais ils/elles donnent trop de devoirs.	Unsere Lehrer/-innen sind (lustig), aber sie geben zu viele Hausaufgaben auf.
	Notre prof de maths (n')explique (pas) bien.	Unser/-e Mathelehrer/-in erklärt (nicht) gut.
	Je trouve qu'on ne regarde pas assez de vidéos en cours.	Ich finde, dass wir im Unterricht nicht genug Filme gucken.
	On n'aime pas notre cantine parce qu'il y a souvent (du poisson).	Wir mögen unsere Kantine nicht, weil es oft (Fisch) gibt.
	Depuis (un mois), il y a (un ascenseur) dans notre collège.	Seit (einem Monat) gibt es (einen Aufzug) in unserer Schule.
	Dans notre collège, il (n')y a (pas) beaucoup de clubs.	An unserer Schule gibt es (nicht) viele AGs.
	Je pense que le club de (hip-hop) est cool.	Ich denke, dass die (Hip-Hop-)AG cool ist.
	Mais il n'y a pas de (club de tennis).	Aber es gibt keine (Tennis-)AG.
	Je voudrais (un terrain de foot dans la cour).	Ich möchte (ein Fußballfeld auf dem Schulhof).

Du kannst dir die *Expressions utiles* auch anhören. ▶ Cornelsen Lernen App

2.2 Über den Stundenplan sprechen

Unité 2	Comment est-ce que tu trouves ton emploi du temps ?	Wie findest du deinen Stundenplan?
	Je trouve que notre emploi du temps (n')est (pas) cool.	Ich finde, dass unser Stundenplan (nicht) cool ist.
	Notre emploi du temps est (super) parce qu'on commence toujours à (neuf heures).	Unser Stundenplan ist (super), weil unser Unterricht immer um (neun Uhr) beginnt.
	Le (mercredi), c'est ma journée préférée.	(Mittwoch) ist mein Lieblingstag.
	Le (lundi), c'est ma journée cauchemar.	(Montag) ist mein Horrortag.
	Je (n')aime (pas) le (vendredi).	Ich mag (Freitage) (nicht).
	Nous commençons toujours à (huit heures).	Wir beginnen immer um (acht Uhr).
	Le (lundi), nous terminons à (16 heures).	(Montags) endet der Unterricht um (16 Uhr).
	Le (mardi), nous avons (français) et (EPS) avec Madame/Monsieur (Dumas).	(Dienstags) haben wir (Französisch) und (Sport) mit Frau/Herrn (Dumas).
	(L'histoire-géo), c'est ma matière préférée ! Et toi ?	(Geschichte-Erdkunde) ist mein Lieblingsfach! Und deins? (*wortwörtlich:* Und du?)
	Le (vendredi), nous avons (histoire-géo) et (deux heures) de (maths).	(Freitags) haben wir (Geschichte-Erdkunde) und (zwei Stunden) (Mathe).

3 Sich verabreden / Etwas planen

3.1 Eine Einladung schreiben / Auf eine Einladung reagieren

Unité 1	Qu'est-ce que tu fais (samedi) ?	Was machst du (Samstag)?
	Je fais une fête (samedi 3 septembre) à (16 heures).	Ich mache (am Samstag, den 3. September) um (16 Uhr) eine Feier.
	Je t'invite parce que (c'est mon anniversaire).	Ich lade dich ein, weil (ich Geburtstag habe).
	Nous (faisons de l'escalade).	Wir (gehen klettern).
	Et en plus, on fait (des pizzas) !	Und außerdem machen wir (Pizza)!
	S'il te plaît, apporte (un sac de couchage).	Bring bitte (einen Schlafsack) mit.
	Je compte sur toi !	Ich zähle auf dich!
	Merci pour ton invitation.	Danke für deine Einladung.
Unité 3	(Samedi), je ne peux pas aller (au cinéma). C'est dommage !	(Am Samstag) kann ich nicht (ins Kino) gehen. Das ist schade!
	Je suis désolé/désolée, mais je ne peux pas (ce week-end). J'ai (basket).	Es tut mir leid, aber ich kann (dieses Wochenende) nicht. Ich habe (Basketball).

	J'ai une idée : on pourrait aller (à la piscine) (dimanche) !	Ich habe eine Idee: Wir könnten (am Sonntag) (ins Schwimmbad) gehen!
	Ça te dit ? / Tu es d'accord ?	Passt dir das? / Bist du einverstanden?

3.2 Sich verabreden: Vorschläge machen und darauf reagieren

	On rentre ensemble ?	Gehen wir zusammen nach Hause?
	On regarde un épisode de (Lupin) ?	Gucken wir eine Folge (Lupin)?
Unité 1	Ça marche !	Geht klar!
Unité 3	Qu'est-ce qu'on fait ce (week-end) ?	Was machen wir am (Wochenende)?
	On fait un truc ensemble ?	Machen wir etwas zusammen?
	On pourrait aller à (la piscine) ensemble.	Wir könnten zusammen (ins Schwimmbad) gehen.
	D'accord, rendez-vous à (14 heures) à la station de métro (Alexanderplatz).	Okay, wir treffen uns um (14 Uhr) an der U-Bahn-Station (Alexanderplatz).
	Moi, je veux aller (au cinéma) (samedi).	Ich will (am Samstag) ins (Kino) gehen.
	Ce week-end, je voudrais (faire du shopping) avec (mes parents).	Ich möchte dieses Wochenende mit (meinen Eltern) (shoppen gehen).
	(Dimanche), on pourrait (faire du foot) ensemble.	(Am Sonntag) könnten wir zusammen (Fußball spielen).
	Il y a (un concert) au (Schlosspark).	Es gibt (ein Konzert) im (Schlosspark).
	Ça te/vous dit ?	Passt dir/euch das?
	Bonne idée ! / Pourquoi pas !	Gute Idee! / Warum nicht!
	Je n'ai pas envie. C'est tout !	Ich habe keine Lust. Das ist alles!

4 Über Essen sprechen / Am Tisch kommunizieren

	J'aime (la salade), mais je n'aime pas (la pizza).	Ich mag (Salat), aber (Pizza) mag ich nicht.
Unité 4	Quel est ton plat préféré ?	Was ist dein Lieblingsgericht?
	Mon plat préféré, c'est (le steak) avec (des frites). Et toi ?	Mein Lieblingsgericht ist (Steak) mit (Pommes). Und deins? (*wortwörtlich:* Und du?)
	J'aime manger (du chocolat).	Ich esse gerne (Schokolade).
	Je mange toujours à la cantine. / Je ne mange jamais à la cantine.	Ich esse immer in der Kantine. / Ich esse nie in der Kantine.

Du kannst dir die *Expressions utiles* auch anhören. ▶ Cornelsen Lernen App

	Qu'est-ce que vous prenez ?	Was nehmt ihr?
	Je prends (le gratin) parce que je n'aime pas (la viande).	Ich nehme (den Auflauf), weil ich (kein Fleisch) mag.
	Je suis végétarien/végétarienne, alors je prends (la soupe).	Ich bin Vegetarier/Vegetarierin, also nehme ich (die Suppe).
	J'ai faim. / J'ai soif.	Ich habe Hunger. / Ich habe Durst.
	Je mets la table ?	Soll ich den Tisch decken?
	– Où sont (les verres) ? – (Les verres) sont (sur l'étagère).	– Wo sind (die Gläser)? – (Die Gläser) sind (auf dem Regal).
	– Quand est-ce que le repas est prêt ? – C'est prêt ! / Tout est prêt !	– Wann ist das Essen fertig? – Es ist fertig! / Alles ist fertig!
	– Qu'est-ce qu'on mange ? – On mange (des pâtes) avec (de la sauce).	– Was gibt es zu essen? – Es gibt (Nudeln) mit (Soße).
	Je peux goûter ?	Kann ich probieren?
	À table ! / On mange !	Zu Tisch! / Wir essen!
	Bon appétit !	Guten Appetit!
	Miam ! C'est (très) bon !	Mhh! Das schmeckt (sehr) gut.
	Beurk ! Ce n'est pas bon.	Igitt! Das schmeckt nicht gut.
	Tu me passes (le sel), s'il te plaît ?	Gibst du mir bitte (das Salz)?
	– Tu veux un dessert ? – Oui, s'il te plaît, je prends (une pomme). / Non merci, je n'ai plus faim.	– Willst du einen Nachtisch? – Ja bitte, ich nehme (einen Apfel). / Nein danke, ich bin satt.

5 Über die Ferien und das Wetter sprechen

5.1 Über Ferienaktivitäten sprechen

Unité 5	Qu'est-ce que tu vas faire pendant les vacances ?	Was machst du in den Ferien?
	Je vais prendre le train pour aller chez (mes grands-parents) à (Munich).	Ich werde den Zug nehmen, um zu (meinen Großeltern) nach (München) zu fahren.
	Avec (ma famille), nous allons visiter (le château de Sanssouci).	Ich werde mit (meiner Familie) (das Schloss Sanssouci) besuchen.
	Je vais rester à la maison.	Ich werde zuhause bleiben.
	Je fais (une colo) en (France).	Ich bin in einem (Ferienlager) in (Frankreich).
	Je fais (du camping) et (du VTT).	Ich (zelte) und (fahre Mountainbike).
	Je suis chez (ma tante).	Ich bin bei (meiner Tante).

5.2 Über das Wetter sprechen

Unité 5	Il fait quel temps chez toi ?	Wie ist das Wetter bei dir?
	Il (ne) fait (pas) beau.	Das Wetter ist (nicht) schön.
	Il (ne) fait (pas) chaud/froid.	Es ist (nicht) warm/kalt.
	Il fait (24) degrés.	Es sind (24) Grad.
	Il neige/pleut.	Es schneit/regnet.
	On ne peut rien faire avec ce temps.	Bei diesem Wetter kann man nichts machen.

5.3 Eine Postkarte/Nachricht schreiben

	Salut/Coucou/Bonjour de (Berlin) !	Hallo / Hi / Viele Grüße aus (Berlin)!
Unité 5	(La colo), c'est (sympa) !	(Im Ferienlager) ist es (nett)!
	Je suis arrivé/arrivée ici (dimanche).	Ich bin (am Sonntag) hier angekommen.
	(Hier), nous avons fait (du basket).	(Gestern) haben wir (Basketball gespielt).
	(Le soir), on a fait (un pique-nique).	(Abends) haben wir (ein Picknick) gemacht.
	C'était génial/drôle/super/bien/cool !	Das war genial/lustig/super/gut/cool!
	(Ce week-end), on va visiter (un château).	(Dieses Wochenende) besuchen wir (ein Schloss).
	Et toi, tu es où ? / Qu'est-ce que tu fais pendant les vacances ?	Und wo bist du? / Was machst du in den Ferien?
	À plus ! / Salut ! / Bisous !	Bis später! / Tschüss! / Liebe Grüße!

6 Diskutieren

6.1 Die eigene Meinung äußern

	C'est cool/sympa/chou !	Das ist cool/nett/süß!
	C'est vrai.	Das stimmt.
	J'adore. / Je déteste !	Ich liebe es. / Ich hasse es!
	C'est nul. / C'est la cata !	Das ist doof. / Das ist eine Katastrophe!
	C'est un peu compliqué.	Das ist ein bisschen kompliziert.
	Je suis contre parce que c'est nul.	Ich bin dagegen, weil es doof ist.
Unité 1	Je trouve que c'est (trop cher).	Ich finde, dass das (zu teuer) ist.
Module A	C'est bien ! / C'est drôle !	Das ist gut! / Das ist lustig!
Unité 2	C'est bizarre !	Das ist komisch!

Du kannst dir die *Expressions utiles* auch anhören. ► Cornelsen Lernen App

	On a de la chance !	Wir haben Glück!
	C'est dommage !	Das ist schade!
	À mon avis, il y a trop de (bruit).	Meiner Meinung nach ist es zu (laut). (*wortwörtlich:* Meiner Meinung nach gibt es zu viel Lärm.)
	Il n'y a pas assez d'(ordinateurs).	Es gibt nicht genug (Computer).
Unité 3	C'est génial !	Das ist toll!
Module C	C'est important.	Das ist wichtig.
Module D	C'est trop.	Das ist zu viel.

6.2 Sich einigen

	Ah, oui ! / Ah, non !	Ach, ja! / Ach, nein!
	Bien sûr !	Natürlich!
Unité 1	Ça marche !	Geht klar!
Unité 2	D'accord. Moi aussi, je suis pour.	Okay. Ich bin auch dafür.
Unité 3	J'ai une idée.	Ich habe eine Idee.
	Pourquoi pas !	Warum nicht!
	Bonne idée !	Gute Idee!

6.3 Über Geschenke und Preise sprechen

Unité 1	Qu'est-ce que tu achètes comme cadeau pour l'anniversaire de (Dana) ?	Was schenkst du (Dana) zum Geburtstag?
	Tu as une idée ?	Hast du eine Idee?
	On fait un cadeau ensemble ?	Schenken wir etwas zusammen?
	Il/Elle adore (les BD). On pourrait acheter (une BD d'Astérix).	Er/Sie mag (Comics.) Wir könnten (einen Comic von Asterix) kaufen.
	– Ça coûte combien ? – Ça coûte (19) euros.	– Wie viel kostet das? – Das kostet (19) Euro.
	C'est trop cher !	Das ist zu teuer!
	Je trouve que/qu'(une BD), c'est (cool) !	Ich finde (einen Comic) (cool)!
	On pourrait aussi faire un gâteau.	Wir könnten auch einen Kuchen backen.
Unité 3	Qu'est-ce qu'on peut acheter ?	Was können wir kaufen?
	Je n'ai pas assez d'argent.	Ich habe nicht genug Geld.
	C'est gratuit !	Das/Es ist kostenlos!

7 Klassenraumfranzösisch

7.1 Über das Datum und die Uhrzeit sprechen

Module B	– Il est quelle heure ? – Il est (neuf) heures (et quart).	– Wie spät ist es? – Es ist (Viertel nach) (neun).
Module D	– On est quel jour aujourd'hui ? – Nous sommes le (1er octobre).	– Welcher Tag ist heute? – Heute ist der (1. Oktober).
Unité 3	– (L'atelier) est à quelle heure ? – À (dix heures et demie).	– Um wie viel Uhr ist (der Workshop)? – Um (zehn Uhr dreißig).

7.2 Etwas präsentieren (hier: ein Lied)

Module C	Je vais vous présenter (ma chanson préférée).	Ich möchte euch (mein Lieblingslied) vorstellen.
	Dans ma présentation, je vais utiliser des mots nouveaux.	In meiner Präsentation werde ich neue Wörter verwenden.
	D'abord, je vais parler (du chanteur).	Ich werde zuerst über (den Sänger) sprechen.
	Ensuite, on va (écouter la chanson).	Dann werden wir (das Lied hören).
	Après, je vais expliquer (le message de la chanson).	Danach werde ich (die Aussage des Lieds) erklären.
	Pour finir, vous allez donner votre avis.	Am Ende äußert ihr eure Meinung.
	Je pense que le message est (important).	Ich denke, dass die Botschaft (wichtig) ist.
	Merci de votre attention.	Danke für eure Aufmerksamkeit.
	Est-ce que vous avez des questions ?	Habt ihr Fragen?

7.3 Feedback geben

Module C	(La présentation) m'a plu parce que tu as bien parlé.	(Die Präsentation) hat mir gefallen, weil du gut gesprochen hast.
	À mon avis, (ta présentation) était bien parce qu'on a tout compris.	Meiner Meinung nach war (deine Präsentation) gut, weil wir alles verstanden haben.
	Je pense que tu as bien organisé tes idées.	Ich denke, dass du deine Gedanken gut strukturiert hast.
	Je trouve que tu as bien expliqué (le message de la chanson).	Ich finde, dass du (die Botschaft des Lieds) gut erklärt hast.
	Tu n'as pas expliqué les mots nouveaux.	Du hast die neuen Wörter nicht erklärt.
	La prochaine fois, il faut parler plus fort.	Das nächste Mal musst du lauter sprechen.

Du kannst dir die *Expressions utiles* auch anhören. ► Cornelsen Lernen App

Hier findest du alle Wörter, die du aus À toi ! 1 kennst und in À toi ! 2 neu lernst. Die Angabe hinter dem Pfeil → verweist auf die Unité, in der die Vokabel zum ersten Mal vorkommt: 1A = Unité 1 / Partie A und MA = Module A.

A

à in + *Stadt*
à côté nebenan; **à côté de** neben
À demain ! Bis morgen!
à droite rechts; **à gauche** links
à... heure(s) um ... Uhr → 1A
à l'heure pünktlich → MB
à pied zu Fuß
À plus ! *fam.* Bis später!
À quelle heure ? Um wie viel Uhr? → 3A
à table am Esstisch; **À table !** Essen (ist fertig)!, Zu Tisch! → 4B
acheter qc etw. kaufen → 1B
adorer qn/qc jdn/etw. sehr lieben; **adorer** + *inf.* es sehr lieben, etw. zu tun
ah ach, ach so; **Ah bon ?** Ach so?, Wirklich? → 3A
aimer qn/qc jdn/etw. mögen, jdn/etw. lieben; **aimer** + *inf.* es mögen, etw. zu tun; es lieben, etw. zu tun
l' **Allemagne** *f.* Deutschland
l' **allemand** *m.* Deutsch, die deutsche Sprache
aller gehen, fahren → 3A
l' **allergie** *f.* die Allergie
Allô ? *am Telefon* Hallo?
alors also
l' **alphabet** *m.* das Alphabet
l' **ami/amie** *m./f.* der Freund / die Freundin
l' **anglais** *m.* Englisch, die englische Sprache
l' **animal** / les **animaux** *m.* das (Haus-)Tier
l' **anniversaire** *m.* der Geburtstag → 1App; **Joyeux anniversaire !** Herzlichen Glückwunsch zum Geburtstag! → 1App
août August → 1App
l' **appareil dentaire** *m.* die Zahnspange → MA
appeler qn jdn anrufen → 1B
apporter qc etw. mitbringen → 1A
Apprenez le vocabulaire. Lernt die Vokabeln. → MD
après nach, danach → 1App
l' **après-midi** *m.* der Nachmittag, am Nachmittag, nachmittags → 5A
l' **arabe** *m.* Arabisch, die arabische Sprache
l' **argent** *m.* das Geld → 3B
l' **armoire** *f.* der Schrank
l' **arrière-grand-mère** *f.* die Urgroßmutter
l' **arrière-grand-père** *m.* der Urgroßvater
arriver ankommen, kommen
les **arts plastiques** *m. pl.* Kunst *Schulfach* → 2A
l' **ascenseur** *m.* der Aufzug → 2B
assez de qc genug, genügend → 2B; **ne... pas assez de qc** nicht genug, nicht genügend → 2B
l' **atelier** *m.* der Workshop → 3App
Attention ! Achtung! → 4A
au collège an/in der Schule
Au revoir ! Auf Wiedersehen!
aujourd'hui heute → 2A
aussi auch
l' **automne** *m.* der Herbst → 1App
avec mit
l' **avis** *m.* die Meinung → 2B; **à mon avis** meiner Meinung nach → 2B
avoir haben; **avoir... ans** ... Jahre alt sein; **avoir de la chance** Glück haben → 2A; **avoir envie (de faire qc)** Lust haben (etw. zu tun) → 3A
avril April → 1App

B

la **baguette** das Baguette
la **balade** der Spaziergang → 3App
le **basket** Basketball
les **baskets** *f. pl.* die Turnschuhe → 3B
le **bazar** *fam.* das Durcheinander, die Unordnung
la **BD (bande dessinée)** / les **BD** der Comic
beaucoup sehr, viel → MC; **beaucoup de qc** viel/viele → 2B
la **belle-mère** die Stiefmutter
le **beau-père** der Stiefvater
le/la **Belge** der/die Belgier/-in → MC
beurk *fam.* igitt → 4B
la **bibliothèque** die Bibliothek → 2App
bien *adv.* gut → MA
bien sûr natürlich, selbstverständlich
Bienvenue ! Willkommen!
bisous Liebe Grüße, Küsschen → 3B
bizarre *m./f. adj.* merkwürdig, seltsam → 2A
le **blanc** Weiß, die weiße Farbe
blanc/blanche *adj.* weiß → MA
le **bleu** Blau, die blaue Farbe; **bleu/bleue** *adj.* blau
Bof. *fam.* Na ja. / Es geht so.
bon *fam.* (na) gut
Ah bon ? Ach so?, Wirklich? → 3A
bon/bonne *adj.* gut, lecker → 4App
Bon appétit ! Guten Appetit! → 4B
Bonne idée ! Gute Idee! → 3B
Bonjour ! Guten Tag!, Guten Morgen!; **Bonjour de...** + *Ort* Viele Grüße aus ...
la **boulangerie** die Bäckerei
la **bouteille** die Flasche → 4B
bricoler qc etw. basteln
le **bruit** der Lärm, das Geräusch → 2B
le **bureau** / les **bureaux** der Schreibtisch
le **bus** der Bus; **en bus** mit dem Bus

C

ça *fam.* / **cela** das → 4A; **Ça coûte combien ?** Wie viel kostet das? → 1B; **Ça marche !** *fam.* Geht klar!, Das klappt!, Okay! → 1B; **Ça sonne !** Es klingelt!; **Ça te dit ? / Ça vous dit ?** *fam.* Passt dir das? / Passt euch das? → 3B; **Ça va ?** Wie geht's? / Geht's (dir) gut?; **Ça va.** Es geht mir gut.; **ça veut dire** das heißt → MC; **Ça y est !** *fam.* So! / Geschafft! → MD

le **cadeau** / les **cadeaux** das Geschenk → 1A
le **café** das Café
le **cahier** das Heft
faire du camping zelten → 1A
la **cantine** die Kantine → 2App
le **caractère** der Charakter → MA
la **carotte** die Karotte, die Möhre → 4A
la **cathédrale** die Kathedrale, der Dom
le **cauchemar** der Albtraum → 2A
le **CDI** die Schulbibliothek → 2App
ce/cet/cette *Singular* dieser/diese/dieses → 5A
célèbre *m./f. adj.* berühmt → MC
le **centre commercial** das Einkaufszentrum
ces *Plural* diese → 5A
c'est / ce sont das ist / das sind; **C'est à moi.** Ich bin dran.; **C'est à toi.** Du bist dran.; **C'est génial !** *fam.* Das ist toll!, Das ist genial! → 3B; **C'est la cata !** *fam.* Das ist eine Katastrophe!; **C'est le...** Der/Das ist am ... → 1App; **c'est moi** das bin ich / ich bin's; **C'est les vacances !** Es sind Ferien! → 5App; **C'est nul !** Das ist doof.; **C'est parti !** *fam.* Los geht's!; **C'est terminé !** Das war's!; **C'est trop cher !** Das ist zu teuer! → 1B; **C'est un peu compliqué.** Das ist ein bisschen kompliziert.; **C'est vrai.** Das stimmt.
C'était super/sympa/cool/nul ! Das war super/nett/cool/doof! → 5B
la **chaise** der Stuhl
la **chambre** das Schlafzimmer
la **chanson** das Lied → MC
chanter singen → 1App
le **chanteur** / la **chanteuse** der/die Sänger/-in
le **château** / les **châteaux** das Schloss → 5App
le **chat** die Katze
chatter chatten → 5A
chercher qn/qc jdn/etw. suchen; **chercher midi à quatorze heures** die Dinge komplizierter machen, als sie sind → MB
chez bei; zu → 3B; **chez moi / chez toi** bei mir / bei dir (zu Hause)
le **chien** der Hund
le **chocolat** die Schokolade
chou *adj. fam.* süß
le **cinéma** das Kino
la **cinquième** die siebte Klasse
la **classe** die Klasse; **dans la même classe** in derselben Klasse
la **clé** der Schlüssel
le **club** die AG, der Verein, der Klub
le **coca** die Cola → 4B
le **collège** die Schule; **au collège** an/in der Schule
la **colo** *fam.* / la **colonie (de vacances)** das Ferienlager → 5App
Combien... ? *Fragewort* Wie viel...? → 1B
comme wie, als → 1B
commencer qc etw. beginnen → 2A
Comment... ? *Fragewort* Wie ...?; **Comment on dit... ?** Wie sagt man ...?; **Comment on écrit... ?** Wie schreibt man ...?
compliqué/compliquée *adj.* kompliziert
le **centre commercial** das Einkaufszentrum
le **concert** das Konzert → 3App
la **console** die Konsole
content/contente *adj.* glücklich, zufrieden → 5A
le **contrôle** die Kontrolle, der Test → MD
cool *adj. fam.* cool
le **copain** / la **copine** der/die Freund/-in
le/la **corres** *fam.* der/die Brieffreund/-in, der/die Austauschpartner/-in → MA
corriger qc etw. korrigieren, etw. berichtigen → MD
coucou *fam.* hi
la **cour** der Schulhof, der Hof → 2App
le **cours** der Unterricht, die Unterrichtsstunde → 2A; **en cours** im Unterricht
le **cousin** / la **cousine** der/die Cousin/-e
coûter kosten → 1B; **Ça coûte combien ?** Wie viel kostet das? → 1B
la **crêpe** die Crêpe → 4App
le **croissant** das Croissant

D

d'abord zuerst
d'accord okay, einverstanden
dans in
la **danse** der Tanz, das Tanzen
de aus, von
décembre Dezember → 1App
le **degré** das Grad → 5A; **Il fait... degrés.** Es sind ... Grad. → 5A
dehors draußen → 5A
demain morgen → 5A; **À demain !** Bis morgen!
et demie halb → MB
la **demi-sœur** die Halbschwester
le **demi-frère** der Halbbruder
depuis seit → MA
derrière hinter
des *Plural von un/une*
être désolé/désolée etw. tut jdm leid, (etw.) bedauern → 3A
le **dessert** die Nachspeise, der Nachtisch → 4A
dessiner qc etw. zeichnen
détester qn/qc jdn/etw. hassen, **détester** + *inf.* es hassen, etw. zu tun
devant vor
les **devoirs** *m. pl.* die Hausaufgaben
difficile *m./f. adj.* schwer, schwierig → MC
dimanche Sonntag, am Sonntag → 1A
dommage schade → 2B
donner qc etw. geben, aufgeben → 2B; **donner son avis sur** seine Meinung äußern über → 2B
drôle *m./f. adj.* lustig → MA
le **drone** die Drohne

E

l' **eau** / les **eaux** *f.* das Wasser → 4B
écouter hören, zuhören, etw. anhören; **écouter de la musique** Musik hören
les **écouteurs** *m. pl.* die Kopfhörer → MD
l' **élève** *m./f.* der/die Schüler/-in

l' **emploi du temps** *m.* der Stundenplan → 2A
en + *Monat* im; **en** + *Land/Region* in, nach; **en** + *Sprache* auf; **en plus** außerdem; **en 5e/4e** in der 7./8. Klasse; **en retard** zu spät → MB
l' **enceinte** *f.* die Box, der Lautsprecher
encore noch, schon wieder; **encore une fois** noch einmal
l' **endroit** *m.* der Ort; **l'endroit préféré** der Lieblingsort
l' **enfant** *m./f.* das Kind
ensemble zusammen
ensuite dann → MC
entre zwischen
l' **entrée** *f.* die Vorspeise → 4A
avoir envie (de faire qc) Lust haben (etw. zu tun) → 3A; **Je n'ai pas envie.** Ich habe keine Lust. → 3A
l' **épisode** *m.* die Folge (einer Serie)
l' **EPS** *f.* Sport *Schulfach* → 2A
faire de l'escalade klettern → 1A
l' **espagnol** *m.* Spanisch, die spanische Sprache
est-ce que *Fragewort*; **Est-ce que vous pouvez répéter ?** Können Sie (das) wiederholen?
et und; **Et toi ?** Und dir?, Und du?
l' **étagère** *f.* das Regal
l' **été** *m.* der Sommer → 1App
être sein; **être contre qn/qc** gegen jdn/etw. sein, dagegen sein; **être fan de qn/qc** Fan von jdm/etw. sein; **être là** da sein; **être pour qn/qc** dafür sein, für jdn/etw. sein → 2B
l' **euro** *m.* der Euro → 1B
par exemple / p. ex. zum Beispiel / z. B.
l' **exercice** *m.* die Übung → MD
expliquer qc etw. erklären → 2A

F

avoir faim Hunger haben → 4A
faire qc etw. machen, etw. tun → 1A; **faire du / de la / de l' / des** etw. machen (als Hobby) → 1A; **faire la fête** feiern → 1A
la **famille** die Familie
le/la **fan** der Fan
la **farine** das Mehl → 4App
la **fenêtre** das Fenster; **Est-ce que je peux ouvrir la fenêtre ?** Kann ich das Fenster öffnen? → MD
la **fête** die Feier → 1A; **faire la fête** feiern → 1A
la **feuille** das Blatt
février Februar → 1App
la **fille** das Mädchen, die Tochter
le **film** der Film → 3App
le **fils** der Sohn
le **foot(ball)** der Fußball *Sportart*
le **français** Französisch, die französische Sprache
la **France** Frankreich
francophone *m./f. adj.* französischsprachig → MC
le **frère** der Bruder; le **demi-frère** der Halbbruder
les **frères et sœurs** *m. pl.* die Geschwister
les **frites** *f. pl.* die Pommes frites → 4App
le **fromage** der Käse → 4App
le **fruit** die Frucht, das Obst → 4A

G

le **garçon** der Junge
la **gare** der Bahnhof
gaspiller qc etw. verschwenden → 2B
le **gâteau / les gâteaux** der Kuchen, der Keks → 1B; le **gâteau au chocolat** der Schokoladenkuchen → 1B; le **gâteau aux pommes** der Apfelkuchen → 4A
les **gens** *m. pl.* die Leute → MC
la **géographie** (die) Geografie, (die) Erdkunde → 2A
la **glace** das Eis → 5App
goûter qc etw. probieren, etw. kosten → 4B
grand/grande *adj.* groß → MA
la **grand-mère** die Großmutter
le **grand-père** der Großvater
les **grands-parents** *m. pl.* die Großeltern
le **gratin** der Auflauf, das Gratin → 4A
gratuit/gratuite *adj.* gratis, kostenlos, umsonst → 3B
C'est pas grave ! *fam.* Nicht schlimm!, Macht nichts! → 5A
le **groupe** die Gruppe, die Band; le **groupe préféré** die Lieblingsgruppe
la **guitare** die Gitarre
le **gymnase** die Turnhalle → 2App

H

habiter wohnen
l' **heure** *f.* die Stunde; **à l'heure** pünktlich → MB; **À quelle heure ?** Um wie viel Uhr? → 3A; **Il est quelle heure ?** Wie viel Uhr ist es? / Wie spät ist es? → MB
hier gestern → 5B
l' **histoire** *f.* die Geschichte → 2A; **l'histoire-géo** *f.* Geschichte und Erdkunde *Schulfach* → 2A
l' **hiver** *m.* der Winter → 1App
l' **hôtel** *m.* das Hotel

I

ici hier
l' **idée** *f.* die Idee → 1B; **Bonne idée !** Gute Idee! → 3B
Il est... Es ist ... → MB
Il fait chaud/froid/beau. Es ist warm / kalt / schönes Wetter. → 5A
il faut qc man braucht / wir brauchen etw. → 4App; **il faut** + *inf.* man muss / wir müssen etw. tun → MD
Il neige. Es schneit. → 5A
Il pleut. Es regnet. → 5A
il y a es gibt
il/elle m'énerve er/sie nervt; **il/elle s'appelle** er/sie heißt; **ils/elles s'appellent** sie heißen
important/importante *adj.* wichtig → MC
l' **Internet** *m.* das Internet → 3B
l' **invitation** *f.* die Einladung → 1A
inviter qn jdn einladen → 1A; **je t'invite** → 1A

J

J'ai fini ! Ich bin fertig!
j'aimerais + *inf.* ich würde gerne etw. tun → 5App
le **jambon** der Schinken → 4App
janvier Januar → 1App

Je compte sur toi. Ich zähle auf dich. → 1A
je m'appelle + *Name* ich heiße + *Name*
Je n'ai pas d'animal. Ich habe kein Haustier.
Je n'ai pas de frères et sœurs. Ich habe keine Geschwister.
je n'ai pas mon/ma/mes + *Nomen* ich habe meinen/meine/mein ... nicht (dabei)
Je n'ai plus faim. Ich bin satt. → 4B
Je ne comprends pas. Ich verstehe nicht.
Je ne sais pas. Ich weiß es nicht.
Je peux aller aux toilettes ? Kann ich auf die Toilette gehen?
je vais vous présenter qc ich werde euch/Ihnen etw. vorstellen → MC
jeudi Donnerstag, am Donnerstag → 1A
les **jeux vidéo** *m. pl.* die Videospiele
je voudrais ich möchte
joli/jolie *adj.* hübsch → MA
jouer spielen; **jouer à** + *Name* etw. spielen
le **joueur** / la **joueuse** der/die Spieler/-in
la **journée** der Tag *in seinem Ablauf* → 2A
juillet Juli → 1App
juin Juni → 1App

L

là da
le **lait** die Milch → 4App
la **langue** die Sprache; **Tu parles quelles langues ?** Welche Sprachen sprichst du?
le **lapin** das Kaninchen
le **latin** Latein, die lateinische Sprache → 2A
les **légumes** *m. pl.* das Gemüse → 4App
leur ihr/ihre → 2A
leurs ihre *Plural* → 2A
la **liste** die Liste → MC
le **lit** das Bett
le **livre** das Buch
le **look** der Look, das Outfit → MA
lundi Montag, am Montag → 1A
les **lunettes** *f. pl.* die Brille → MA

M

Madame/Mme *Anrede* Frau
le **magasin** das Geschäft, der Laden
mai Mai → 1App
le **maillot** das Trikot, der Badeanzug / die Badehose → 1B
maintenant jetzt → 3A
mais aber
la **maison** das Haus → 5App; **à la maison** zu Hause, nach Hause → 5App
malade *m./f. adj.* krank → MD
le **manga** der/das Manga
manger qc etw. essen → 4App
marcher gehen, funktionieren → MD
mardi Dienstag, am Dienstag → 1A
mars März → 1App
le **match** das Spiel → 3App
les **maths** *fam.* / les **mathématiques** *f. pl.* Mathe/Mathematik → 2A
la **matière** das Schulfach → 2A
le **matin** der Morgen, am Morgen, morgens → 5A
la **mélodie** die Melodie → MC
le **menu** das Menü, der Speiseplan, die Speisekarte → 4A
merci danke; **Merci de votre attention.** Danke für eure/Ihre Aufmerksamkeit. → MC
mercredi Mittwoch, am Mittwoch → 1A
la **mère** die Mutter
mes meine *Plural*
le **message** die Botschaft, die Aussage → MC, die Nachricht → 5B
le **métro** die U-Bahn, die Metro
mettre qc etw. stellen, etw. setzen, etw. legen → 4B; **mettre la table** den Tisch decken → 4B
miam *fam.* mmh *wenn etw. gut schmeckt* → 4B
midi zwölf Uhr mittags, Mittag, mittags → MB
Mince ! Mist! → 3B
minuit Mitternacht → MB
la **minute** die Minute → MB
moche *m./f. adj.* hässlich → MA
moi ich; **avec moi** mit mir; **c'est moi** ich bin's / das bin ich; **pour moi** für mich
moins weniger, minus → MB
le **mois** der Monat → 1App
mon/ma mein/meine *Singular*
Monsieur/M. *Anrede* Herr
la **montagne** der Berg, das Gebirge → 5B
la **montre** die Armbanduhr → MB
le **mot** das Wort
la **moto** das Motorrad
des **mots nouveaux** neue Wörter → MC
le **mur** die Wand, die Mauer
le **musée** das Museum
la **musique** die Musik; **écouter de la musique** Musik hören

N

la **nature** die Natur
ne... jamais nie → 4B
ne... pas nicht
ne... pas assez de qc nicht genug, nicht genügend → 2B
ne... pas de keinen/keine/kein → 2B
ne... plus nicht mehr → 4B
ne... rien nichts → 4B
Il neige. Es schneit. → 5A
le **noir** Schwarz, die schwarze Farbe
noir/noire *adj.* schwarz → MA
non nein
notre unser/unsere → 2A
nos unsere *Plural* → 2A
novembre November → 1App
la **nuit** die Nacht, in der Nacht, nachts → 5A
C'est nul. *fam.* Das ist doof.
le **numéro** die Nummer

O

octobre Oktober → 1App
l' **œuf** / les **œufs** *m.* das Ei → 4App
On est le... Heute ist der ... → MD; **On est quel jour ?** Welcher Tag ist heute? → MD
On dit... Man sagt ...
On écrit... Man schreibt ...
on pourrait + *inf.* wir könnten, man könnte → 1B

On y va ! Los geht's!, Wir gehen dahin! → 3A
l' **oncle** *m.* der Onkel
l' **orange** *m.* Orange, die orange Farbe; **orange** *m./f. adj.* orange → 4A
l' **ordinateur** *m.* der Computer
organiser qc etw. organisieren → 5B
ou oder
Où... ? *Fragewort* Wo/Wohin ...?
oui ja

P

la **page** die Seite → MD
le **pain** das Brot → 2B
le **paquet** das Paket, die Packung → 4B
par exemple / p. ex. zum Beispiel / z. B.
le **parc** der Park
parce que weil
pardon Entschuldigung
les **parents** *m. pl.* die Eltern; **Mes parents sont séparés.** Meine Eltern sind getrennt.
parfois manchmal → 5A
parler sprechen
partager qc etw. teilen
passer par qc an/bei etw. vorbeigehen/vorbeifahren
Tu me passes... ? Gibst du mir ...? → 4B
les **pâtes** *f. pl.* die Nudeln → 4App
la **pâtisserie** das Gebäck
pendant während
penser denken → 2B; **je pense que** ich denke, dass → 2B
le **père** der Vater; le **beau-père** der Stiefvater
petit/petite *adj.* klein → MA
avoir peur Angst haben, Angst bekommen → 5B
peut-être vielleicht → 1B
la **photo** das Foto
la **phrase** der Satz
le **pique-nique** das Picknick → 5B
la **piscine** das Schwimmbad, der Pool
la **pizza** die Pizza
la **plage** der Strand → 5App
la **plante** die Pflanze
le **plat** das Hauptgericht, das Gericht → 4App; **Quel est ton plat préféré ?** Was ist dein Lieblingsgericht? → 4App
le **poisson** der Fisch
poli/polie *adj.* höflich → 4B
la **pomme** der Apfel → 4A
le **pont** die Brücke
le **portable** das Handy → 5A
la **porte** die Tür
porter qc etw. tragen → MA
le **poster** das Poster
le **potiron** der Kürbis → 4A
pour für; **pour** + *inf.* um etw. zu tun; zum ... → 3App; **pour finir** zum Schluss → MC
Pourquoi... ? *Fragewort* Warum ...? → 1A; **Pourquoi pas ?** Warum nicht? → 3A
pouvoir + *inf.* etw. tun können → 3B
préféré/préférée *adj.* Lieblings- → MA
préférer qn/qc jdn/etw. lieber mögen; **préférer** + *inf.* etw. lieber machen
premier/première *adj.* erster/erste/erstes → 1App
prendre qc etw. nehmen → 4A
préparer qc etw. zubereiten → 4App
près nah; **près de** + *Ort* bei, in der Nähe von
la **présentation** die Präsentation → MC
présenter qn/qc jdn/etw. vorstellen → MC
prêt/prête *adj.* fertig → 4B
le **printemps** der Frühling → 1App
le **problème** das Problem → MC
le/la **prof** *fam.* / le **professeur** / la **professeure** der/die Lehrer/-in

Q

quand wenn, immer wenn → MA; **Quand... ?** *Fragewort* Wann ...? → 1App
le **quart** das Viertel → MB; **et quart** Viertel nach → MB
le **quartier** das Viertel
la **quatrième** die achte Klasse
Quel est ton plat préféré ? Was ist dein Lieblingsgericht? → 4App
quelque chose etwas → 5A
Qu'est-ce que... ? Was ...?
la **question** die Frage; **J'ai une question.** Ich habe eine Frage.
Qui... ? *Fragewort* Wer ...?
Quoi ? *fam. Fragewort* Was? → 5B

R

raconter qc etw. erzählen
ranger qc etw. aufräumen
le **rap** der Rap
le **rat** die Ratte
la **recette** das (Koch-)Rezept → 4B
la **récréation** / la **récré** *fam.* die Hofpause → 2B
le **refrain** der Refrain → MC
regarder qn/qc jdn/etw. ansehen, anschauen
le **rendez-vous** die Verabredung, der Termin, der Treffpunkt → 3B
rentrer nach Hause fahren/gehen
le **repas** das Essen, die Mahlzeit → MA
répéter qc etw. wiederholen → 1App
le **restaurant** das Restaurant
rester bleiben
le **retard** die Verspätung → MB
retrouver qn jdn treffen → 3App
rigoler lachen, Spaß haben → MA; **rigoler bien** viel lachen, echt Spaß haben → MA
le **riz** der Reis → 4App
le **rouge** Rot, die rote Farbe; **rouge** *m./f. adj.* rot
la **rue** die Straße

S

le **sac** die Tasche, die Schultasche
le **sac de couchage** der Schlafsack → 1A
la **salade** der Salat
la **salle des profs** das Lehrerzimmer → 2App
la **salle de classe** der Klassenraum → 2App
la **salle de permanence** der Aufenthaltsraum → 2App
le **salon** das Wohnzimmer → 1A

Salut ! *fam.* Hallo!, Tschüss!
samedi Samstag, am Samstag → 1A
sans ohne → 4A
Santé ! *beim Anstoßen* Prost!, Auf deine Gesundheit! → MC
la **sauce** die Soße → 4App
la **science** die Wissenschaft
les **sciences physiques** *f. pl.* Physik → 2A
la **seconde** die Sekunde → MB
le **sel** das Salz → 4B
la **semaine** die Woche → 1App
septembre September → 1App
la **série** die Serie
ses seine/ihre *Plural*
faire du shopping shoppen (gehen) → 3App
s'il te plaît bitte *du*
s'il vous plaît bitte *ihr/Sie*
la **sixième** die sechste Klasse
le **skate** das Skateboard → 3App; **faire du skate** Skateboard fahren → 3App
le **skatepark** der Skatepark → 3A
la **sœur** die Schwester; la **demi-sœur** die Halbschwester
avoir soif Durst haben → 4B
le **soir** der Abend, am Abend, abends → 5A
son/sa sein/seine, ihr/ihre *Singular*
la **soupe** die Suppe → 4A
sous unter
souvent oft
le **sport** der Sport
sportif/sportive *adj.* sportlich → MA
le **stade** das Stadion
la **station de métro** die Metrostation → 3B
le **steak** das Steak → 4App
le **stylo** der Stift, der Kugelschreiber
le **sucre** der Zucker → 4App
super *adj. fam.* super, toll
le **supermarché** der Supermarkt
sur auf, an
surfer (sur Internet) (im Internet) surfen → 3B
le **surveillant / la surveillante** die Aufsichtsperson → 2App
les **SVT** *f. pl.* Biologie und Geologie *Schulfach* → 2A
sympa *adj. fam.* nett, sympathisch

T

la **table** der Tisch
le **tableau** / les **tableaux** die Tafel
la **tablette** das Tablet
la **tante** die Tante
tard spät → 5B
la **techno(logie)** Werken *Schulfach* → 2A
le **temps** die Zeit → MA; das Wetter → 5A; **Je n'ai pas le temps.** Ich habe keine Zeit. → MA; **Il fait quel temps ?** Wie ist das Wetter? → 5A
le **tennis** Tennis → MA
terminer (qc) enden, etw. beenden, aufhören → 2A
le **terrain** der Platz, das Feld *für Sport* → 2B
tes deine *Plural*
le **texte** der Text → MC
le **théâtre** das Theater
timide *m./f. adj.* schüchtern → MA
toi du, dir; **Et toi ?** Und dir?, Und du?
les **toilettes** *f. pl.* die Toilette → 2App
la **tomate** die Tomate → 4A
ton/ta dein, deine *Singular*
toujours immer, immer noch → 2A
la **tour** der Turm
tout alles; **tout est (blanc)** alles ist (weiß)
tout le monde alle → 3B
le **train** der Zug → 5App
travailler arbeiten, lernen
très sehr → MA
triste *m./f. adj.* traurig → MA
trop zu, zu sehr → 1B; **trop de qc** zu viel/viele → 2B
faire de la trottinette Scooter/Roller fahren → 1A
la **trousse** das Federmäppchen
trouver qn/qc jdn/etw. finden → 1B
je trouve que ich finde, dass → 1B
le **truc** *fam.* das Ding, die Sache → 3B; **Ce n'est pas mon truc.** Das ist nicht mein Ding. → 3B
Tu as quel âge ? Wie alt bist du?
Tu me passes… ? Gibst du mir …? → 4B
Tu t'appelles comment ? Wie heißt du?
la **Tunisie** Tunesien

U

un/une ein, eine
un peu ein bisschen
l' **unité** *f.* die Lektion → MD
utiliser qc etw. benutzen → MC

V

les **vacances** *f. pl.* die Ferien; **C'est les vacances !** Es sind Ferien! → 5App; **en vacances** in den Ferien
végétarien/végétarienne *adj.* vegetarisch → MA
vendredi Freitag, am Freitag → 1A
le **verre** das Glas → 4B
le **vert** Grün, die grüne Farbe; **vert/verte** *adj.* grün → MA
les **vêtements de sport** *m. pl.* die Sportkleidung → 1A
la **viande** das Fleisch → 4A
la **vidéo** das Video → 2B
la **vie** das Leben → MC
la **ville** die Stadt
visiter qc etw. besichtigen → 5App
vite schnell → MB
voilà hier ist/sind
le **volcan** der Vulkan → 5B
votre euer/eure, Ihr/Ihre → 2A
vos eure/Ihre *Plural* → 2A
vouloir qc etw. wollen → 3B; **vouloir + *inf.*** etw. tun wollen → 3B
C'est vrai. Das stimmt.
faire du VTT Mountainbike fahren → 5App

W

le **week-end** das Wochenende, am Wochenende

Z

Zut ! *fam.* Mist!

Die Angabe hinter dem Pfeil → verweist auf die Unité, in der die Vokabel zum ersten Mal vorkommt: U_1 steht für Unité 1 und MA steht für Module A.

A

Abend, abends, am Abend le soir → 5A
aber mais
ach / ach so ah; **Ach so?** Ah bon ? → 3A
Achtung! Attention ! → 4A
AG le club; **(Drohnen-)AG** le club de (drones)
Albtraum le cauchemar → 2A
alle tout le monde → 3B
Allergie l'allergie *f.*
alles tout, **alles ist weiß** tout est blanc
Alphabet l'alphabet *m.*
als comme → 1B
also alors
an sur
Angst haben, Angst bekommen avoir peur → 5B
anhören (etw.) écouter (qc)
ankommen arriver
anrufen (jdn) appeler qn → 1B
anschauen, ansehen (jdn/etw.) regarder (qn/qc)
Apfel la pomme → 4A;
Apfelkuchen le gâteau aux pommes → 4A
April avril → 1App
Arabisch l'arabe *m.*
arbeiten travailler
Armbanduhr la montre → MB
auch aussi
auf sur; **auf** + *Sprache* en
Auf Wiedersehen! Au revoir !
Aufenthaltsraum la salle de permanence → 2App
Auflauf le gratin → 4A
aufräumen (etw.) ranger (qc)
Aufsichtsperson le surveillant / la surveillante → 2App
Aufzug l'ascenseur *m.* → 2B
August août → 1App
aus (Ort) sein être de (*Ortsname*)
Aussage le message → MC
außerdem en plus
Austauschpartner/-in le/la corres *fam.* → MA

B

Bäckerei la boulangerie
Baguette la baguette
Bahnhof la gare
Band *Musik* le groupe
Basketball le basket
basteln (etw.) bricoler (qc)
bedauern (etw.) être désolé/désolée → 3A
beenden (etw.) terminer (qc) → 2A
beginnen (etw.) commencer (qc) → 2A
bei chez, près de + *Ort*; **bei mir/dir (zu Hause)** chez moi/toi
zum Beispiel / z. B. par exemple / p. ex.
benutzen (etw.) utiliser (qc) → MC
Belgier/-in le/la Belge → MC
Berg la montagne → 5B
berichtigen (etw.) corriger (qc) → MD
berühmt célèbre *m./f. adj.* → MC
besichtigen (etw.) visiter (qc) → 5App
Bett le lit
Bibliothek la bibliothèque → 2App
Biologie und Geologie les SVT *f. pl.* *Schulfach* → 2A
Bis morgen! À demain !
Bis später! À plus ! *fam.*
bitte s'il te plaît *du* / s'il vous plaît *ihr/Sie*
Blatt la feuille
Blau le bleu; **blau** bleu/bleue *adj.*
bleiben rester
Botschaft le message → MC
Box l'enceinte *f.*
Brieffreund/-in le/la corres *fam.* → MA
Brille les lunettes *f. pl.* → MA
Brot le pain → 2B
Brücke le pont
Bruder le frère
Buch le livre
Bus le bus; **mit dem Bus** en bus

C

Café le café
Charakter le caractère → MA
chatten chatter → 5A
Cola le coca → 4B
Comic la BD (bande dessinée) / les BD
Computer l'ordinateur *m.*
cool cool *adj. fam.*
Cousin/-e le cousin / la cousine
Crêpe la crêpe → 4App
Croissant le croissant

D

da là
dafür pour; **dafür sein** être pour qn/qc → 2B
dagegen sein être contre qn/qc
danach après → 1App
danke merci; **Danke für eure/Ihre Aufmerksamkeit.** Merci de votre attention. → MC
dann ensuite → MC
das ça *fam.* / cela → 4A; **Das ist am ...** C'est le... → 1App; **das heißt** ça veut dire → MC; **Das ist doof.** C'est nul.; **Das ist super!** C'est super !; **Das ist zu teuer!** C'est trop cher ! → 1B; **Das klappt!** Ça marche ! *fam.* → 1B; **Das stimmt.** C'est vrai.; **Das ist toll!** C'est génial ! *fam.* → 3B; **Das war's!** C'est terminé !; **Das war (super/nett/cool/doof)!** C'était (super/sympa/cool/nul) ! → 5B
dein/deine *Singular* ton/ta
deine *Plural* tes
denken penser → 2B;
je pense que ich denke, dass → 2B
Deutsch l'allemand *m.*; **auf Deutsch** en allemand
Deutschland l'Allemagne *f.*; **in Deutschland** en Allemagne
Dezember décembre → 1App
Dienstag, am Dienstag mardi → 1A
dieser/diese/dieses ce/cet/cette *Singular*
diese ces *Plural* → 5A
Ding le truc *fam.* → 3B; **die Dinge komplizierter machen, als sie sind**

chercher midi à quatorze heures → MB
Dom la cathédrale
Donnerstag, am Donnerstag jeudi → 1A
draußen dehors → 5A
Drohne le drone
Du bist dran. C'est à toi.
Durcheinander le bazar *fam.*
Durst haben avoir soif → 4B

E

Ei l'œuf / les œufs *m.* → 4App
ein/eine un/une
ein bisschen un peu
Einkaufszentrum le centre commercial
einladen (jdn) inviter (qn) → 1A; **ich lade dich ein** je t'invite → 1A
Einladung l'invitation *f.* → 1A
einverstanden d'accord
Eis la glace → 5App
Eltern les parents *m. pl.*; **Meine Eltern sind getrennt.** Mes parents sont séparés.
enden terminer → 2A
Englisch l'anglais *m.*
Entschuldigung pardon
er/sie heißt il/elle s'appelle;
er/sie nervt il/elle m'énerve
Erdkunde la géographie → 2A
erklären (etw.) expliquer (qc) → 2A
erster/erste/erstes premier/première *adj.* → 1App
erzählen (etw.) raconter (qc)
Es ist ... *Uhrzeit* Il est... → MB
es gibt il y a
Es ist soweit! Ça y est ! *fam.* → MD
Es ist warm / kalt / schönes Wetter. Il fait chaud/froid/beau. → 5A
Es klingelt. Ça sonne.
Es regnet. Il pleut. → 5A
Es schneit Il neige. → 5A
Es sind Ferien! C'est les vacances ! → 5App
Essen le repas → MA
essen (etw.) manger (qc) → 4App
Essen (ist fertig)! À table ! → 4B
etwas quelque chose → 5A
euer/eure *Singular* votre → 2A
eure/Eure *Sie Plural* vos → 2A
Euro l'euro *m.* → 1B

F

fahren (mit dem Bus / mit der U-Bahn) aller (en bus / en métro); **Mountainbike fahren** faire du VTT → 5App; **Scooter fahren** faire de la trottinette → 1A; **Skateboard fahren** faire du skate → 3App
Familie la famille
Fan le/la fan; **Fan von jdm/etw. sein** être fan de qn/qc
Februar février → 1App
Federmäppchen la trousse
Feier la fête → 1A
feiern faire la fête → 1A
Fenster la fenêtre; **Kann ich das Fenster öffnen?** Est-ce que je peux ouvrir la fenêtre ? → MD
Ferien les vacances *f. pl.*; **Es sind Ferien!** C'est les vacances ! → 5App; **in den Ferien** en vacances
Ferienlager la colo *fam.* / la colonie (de vacances) → 5App
fertig prêt/prête *adj.* → 4B
Film le film → 3App
finden (jdn/etw.) trouver (qn/qc) → 1B; **ich finde, dass** je trouve que → 1B
Fisch le poisson
Flasche la bouteille → 4B
Fleisch la viande → 4A
Folge (einer Serie) l'épisode *m.*
Foto la photo
Frage la question; **Ich habe eine Frage.** J'ai une question.
Frankreich la France; **in Frankreich** en France
Französisch le français; **auf Französisch** en français
französischsprachig francophone *m./f. adj.* → MC
Frau *Anrede* Madame/Mme
Freitag, am Freitag vendredi → 1A
Freund/-in l'ami / l'amie *m./f.*, le copain / la copine
Frucht le fruit → 4A
Frühling le printemps → 1App; **im Frühling** au printemps
funktionieren marcher → MD
für pour; **für mich** pour moi; **für jdn/etw. sein** être pour qn/qc → 2B
Fußball *Sportart* le foot(ball)

G

Gebäck la pâtisserie
geben (etw.) donner qc → 2B
Gebirge la montagne → 5B
Geburtstag l'anniversaire *m.* → 1App; **Herzlichen Glückwunsch zum Geburtstag!** Joyeux anniversaire ! → 1App
gegen jdn/etw. sein être contre qn/qc
gehen aller → 3A; marcher → MD;
Geht klar! Ça marche ! *fam.* → 1B;
Geht's (dir) gut? Ça va ?; **Es geht mir gut.** Ça va.; **vorbeigehen (an/bei etw.)** passer par qc
Geld l'argent *m.* → 3B
Gemüse les légumes *m. pl.* → 4App
Das ist genial! C'est génial ! *fam.* → 3B
genug assez de qc → 2B; **nicht genug** ne... pas assez de qc → 2B
Geografie la géographie → 2A
Geräusch le bruit → 2B
Gericht le plat → 4App
Geschäft le magasin
Geschenk le cadeau / les cadeaux → 1A
Geschichte l'histoire *f.* → 2A; **Geschichte und Erdkunde** l'histoire-géo *f. Schulfach* → 2A
Geschwister les frères et sœurs *m. pl.*; **Ich habe keine Geschwister.** Je n'ai pas de frères et sœurs.
gestern hier → 5B
Gibst du mir ...? Tu me passes... ? → 4B
Gitarre la guitare
Glas le verre → 4B
Glück haben avoir de la chance → 2A
glücklich content/contente *adj.* → 5A
Grad le degré; **Es sind ... Grad.** Il fait... degrés. → 5A
Gratin le gratin → 4A
gratis gratuit/gratuite *adj.* → 3B

groß grand/grande *adj.* → MA
Großeltern les grands-parents *m. pl.*
Großmutter la grand-mère
Großvater le grand-père
Grün le vert; **grün** vert/verte *adj.* → MA
Gruppe le groupe
gut bien *adv.* → MA; **bon/bonne** *adj.* → 4App; **(na) gut** bon *fam.*; **Gute Idee!** Bonne idée ! → 3B; **Guten Appetit!** Bon appétit ! → 4B; **Guten Tag/Morgen!** Bonjour !

H

haben avoir
halb et demie → MB
Halbbruder le demi-frère
Halbschwester la demi-sœur
Hallo! Salut ! *fam.*; **Hallo?** *am Telefon* Allô ?
Handy le portable → 5A
hassen (jdn/etw.) détester (qn/qc), **hassen (etw. zu tun)** détester + *inf.*
hässlich moche *m./f. adj.* → MA
Hauptgericht le plat → 4App
Haus la maison → 5App; **zu Hause** à la maison → 5App
Hausaufgaben les devoirs *m. pl.*
Haustier l'animal / les animaux *m.*; **Ich habe kein Haustier.** Je n'ai pas d'animal.
Heft le cahier
ich heiße je m'appelle + *Name*; **er/sie heißt** il/elle s'appelle; **sie heißen** ils/elles s'appellent
Herbst l'automne *m.* → 1App; **im Herbst** en automne
Herr *Anrede* Monsieur/M.
heute aujourd'hui → 2A; **Heute ist der ...** On est le... → MD
hi coucou *fam.*
hier ici; **hier ist/sind** voilà
hinter derrière
Hof la cour → 2App
höflich poli/polie *adj.* → 4B
hören écouter; **Musik hören** écouter de la musique
Hotel l'hôtel *m.*
hübsch joli/jolie *adj.* → MA
Hund le chien
Hunger haben avoir faim → 4A

I

ich moi; **Ich bin dran.** C'est à moi.; **Ich bin fertig!** J'ai fini !; **Das bin ich / Ich bin's.** C'est moi.; **Ich bin satt.** Je n'ai plus faim. → 4B; **ich denke, dass** je pense que → 2B; **ich finde, dass** je trouve que → 1B; **Ich habe kein Haustier.** Je n'ai pas d'animal.; **Ich habe keine Zeit.** Je n'ai pas le temps. → MA; **ich heiße** je m'appelle + *Name*; **ich möchte** je voudrais; **ich spreche** je parle; **Ich verstehe nicht.** Je ne comprends pas.; **Ich weiß es nicht.** Je ne sais pas.; **ich würde gerne** + *Inf.* j'aimerais + *inf.* → 5App
Idee l'idée *f.* → 1B; **Gute Idee!** Bonne idée ! → 3B
igitt beurk *fam.* → 4B
Ihr/Ihre *Sie* votre → 2A; **Ihre** vos *Plural* → 2A;
ihr/ihre leur → 2A ; **ihre** *Plural* leurs → 2A;
ihr/ihre son/sa; **ihre** *Plural* ses
immer toujours → 2A
in à, en, dans; **in der Nähe von** près de + *Ort*
Internet l'Internet *m.* → 3B; **(im Internet) surfen** surfer (sur Internet) → 3B

J

ja oui
... Jahre alt sein avoir... ans
Januar janvier → 1App
jetzt maintenant → 3A
Juli juillet → 1App
Junge le garçon
Juni juin → 1App

K

Kaninchen le lapin
Kann ich auf die Toilette gehen? Je peux aller aux toilettes ?
Kantine la cantine → 2App
Karotte la carotte → 4A
Käse le fromage → 4App
Kathedrale la cathédrale
Katze le chat
kaufen (etw.) acheter (qc) → 1B
keinen/keine/kein ne... pas de → 2B
Keine Sorge! T'inquiète ! *fam.* → 5A
Kind l'enfant *m./f.*
Kino le cinéma
Klasse la classe; **in derselben Klasse** dans la même classe; **sechste Klasse** la sixième; **siebte Klasse** la cinquième
Klassenraum la salle de classe → 2App
klein petit/petite *adj.* → MA
klettern faire de l'escalade → 1A
Klub le club
kommen arriver
kompliziert compliqué/compliquée *adj.*
können etw. tun pouvoir + *inf.* → 3B; **wir könnten** on pourrait + *inf.* → 1B
Konsole la console
Kontrolle le contrôle → MD
Konzert le concert → 3App
Kopfhörer les écouteurs *m. pl.* → MD
korrigieren (etw.) corriger (qc) → MD
kosten coûter → 1B; **kosten (etw.)** *Essen* goûter qc → 4B
kostenlos gratuit/gratuite *adj.* → 3B
krank malade *m./f. adj.* → MD
Kuchen le gâteau / les gâteaux → 1B
Kugelschreiber le stylo
Kunst *Schulfach* les arts plastiques *m. pl.* → 2A
Kürbis le potiron → 4A
Küsschen bisous → 3B

L

lachen rigoler → MA; **viel lachen** bien rigoler → MA
Laden le magasin; **(Sport-)Laden** le magasin de sport
Lärm le bruit → 2B
Latein le latin → 2A
Lautsprecher l'enceinte *f.*
Leben la vie → MC
lecker bon/bonne *adj.* → 4App
Lehrer/-in le/la prof *fam.*, le professeur / la professeure; **Lehrerzimmer** la salle des profs → 2App

etw. tut jdm leid être désolé/désolée → 3A
Lektion l'unité *f.* → MD
lernen travailler; **Lernt die Vokabeln.** Apprenez le vocabulaire. → MD
Leute les gens *m. pl.* → MC
lieben (jdn/etw.) aimer (qn/qc); **lieben (etw. zu tun)** aimer + *inf.*; **sehr lieben (jdn/etw.)** adorer qn/qc; **sehr lieben (etw. zu tun)** adorer + *inf.*
lieber mögen (jdn/etw.) préférer qn/qc; **lieber mögen (etw. zu tun)** préférer + *inf.*
Lieblings- préféré/préférée *adj.* → MA; **Lieblingsort** l'endroit préféré *m.*; **Lieblingsgruppe** le groupe préféré
Lied la chanson → MC
links à gauche
Liste la liste → MC
Look le look → MA
Los geht's! C'est parti ! *fam.*, On y va ! → 3A
Lust haben (etw. zu tun) avoir envie (de faire qc) → 3A; **Ich habe keine Lust.** Je n'ai pas envie. → 3A
lustig drôle *m./f. adj.* → MA

M

machen (etw.) faire (qc) → 1A; **(etw. als Hobby) machen** faire du / de la / de l' / des → 1A
Mädchen la fille
Mahlzeit le repas → MA
Mai mai → 1App
man braucht / wir brauchen etw. il faut qc → 4App
man könnte on pourrait + *inf.* → 1B
man muss / wir müssen (etw. tun) il faut + *inf.* → MD
Man sagt ... On dit...
Man schreibt ... On écrit...
manchmal parfois → 5A
Manga le manga
März mars → 1App
Mathe les maths *fam.* / les mathématiques *f. pl.* → 2A
Mauer le mur
Mehl la farine → 4App
mein/meine *Singular* mon/ma
meine *Plural* mes
Meinung l'avis *m.* → 2B; **meiner Meinung nach** à mon avis → 2B; **seine Meinung (zu etw.) äußern** donner son avis sur qc → 2B
Melodie la mélodie → MC
Menü le menu → 4A
merkwürdig bizarre *m./f. adj.* → 2A
Metro le métro; **Metrostation** la station de métro → 3B
Milch le lait → 4App
minus moins → MB
Minute la minute → MB
Mist Zut ! *fam.*, Mince ! → 3B
mit avec; **mit mir** avec moi
mitbringen (etw.) apporter qc → 1A
Mittag midi → MB
Mitternacht minuit → MB
Mittwoch, am Mittwoch mercredi → 1A
mmh *wenn etw. gut schmeckt* miam *fam.* → 4B
mögen (jdn/etw.) aimer qn/qc
Möhre la carotte → 4A
Monat le mois → 1App; **im** + *Monat* en
Montag, am Montag lundi → 1A
morgen demain → 5A
Morgen, morgens, am Morgen le matin → 5A
Motorrad la moto
Mountainbike fahren faire du VTT → 5App
Museum le musée
Musik la musique; **Musik hören** écouter de la musique
Mutter la mère

N

Na ja. Bof. *fam.*
nach après; **nach Hause gehen** rentrer
Nachmittag, nachmittags, am Nachmittag l'après-midi *m.* → 5A
Nachricht le message → 5B
Nachspeise, Nachtisch le dessert → 4A
Nacht, in der Nacht, nachts la nuit → 5A
nah près
in der Nähe (von) près (de)
Natur la nature
natürlich bien sûr
neben à côté de
nebenan à côté
nehmen (etw.) prendre qc → 4A
nein non
nett sympa *adj. fam.*
neue Wörter des mots nouveaux → MC
nicht ne... pas; **nicht genug, nicht genügend** ne... pas assez de → 2B; **nicht mehr** ne... plus → 4B; **nichts** ne... rien → 4B; **nie** ne... jamais → 4B
noch encore; **noch einmal** encore une fois
November novembre → 1App
Nudeln les pâtes *f. pl.* → 4App
Nummer le numéro

O

Obst le fruit → 4A
oder ou
oft souvent
ohne sans → 4A
okay d'accord
Oktober octobre → 1App
Onkel l'oncle *m.*
Orange l'orange *m.*; **orange** *m./f. adj.* → 4A
organisieren (etw.) organiser qc → 5B
Ort l'endroit *m.*
Outfit le look → MA

P

Packung, Paket le paquet → 4B
Park le parc
Passt dir das? / Passt euch das? Ça te dit ? / Ça vous dit ? *fam.* → 3B
Pause la récréation / la récré *fam.* → 2B
Pflanze la plante
Physik les sciences physiques *f. pl.* → 2A
Picknick le pique-nique → 5B
Pizza la pizza
Platz *Sport* le terrain → 2B
Pommes frites les frites *f. pl.* → 4App
Pool la piscine
Poster le poster

Präsentation la présentation → MC
probieren (etw.) *Essen* goûter qc → 4B
Problem le problème → MC
pünktlich à l'heure → MB

R

Rap le rap
Ratte le rat
rechts à droite
Refrain le refrain → MC
Regal l'étagère *f.*
Reis le riz → 4App
Restaurant le restaurant
(Koch-)Rezept la recette → 4B
Rot le rouge; **rot** rouge *m./f. adj.*

S

Sache le truc *fam.* → 3B
Salat la salade
Salz le sel → 4B
Samstag, am Samstag samedi → 1A
Sänger/-in le chanteur / la chanteuse; **Lieblingssänger/-in** le chanteur préféré / la chanteuse préférée
Ich bin satt. Je n'ai plus faim. → 4B
Satz la phrase
schade dommage → 2B
Schinken le jambon → 4App
Schlafsack le sac de couchage → 1A
Schlafzimmer la chambre
Nicht schlimm!, Macht nichts! C'est pas grave ! *fam.* → 5A
Schloss le château / les châteaux → 5App
Schlüssel la clé
Es schmeckt (gut)! C'est bon ! → 4App
Es schneit. Il neige. → 5A
schnell vite → MB
Schokolade le chocolat; **Schokoladenkuchen** le gâteau au chocolat → 1B
schon wieder encore
Schrank l'armoire *f.*
Schreibtisch le bureau
schüchtern timide *m./f. adj.* → MA
Schulbibliothek le CDI → 2App
Schule le collège; **an/in der Schule** au collège
Schüler/-in l'élève *m./f.*
Schulfach la matière → 2A
Schulhof la cour → 2App
Schwarz le noir; **schwarz** noir/noire *adj.* → MA
schwer difficile *m./f. adj.* → MC
Schwester la sœur
Schwimmbad la piscine
schwierig difficile *m./f. adj.* → MC
Scooter fahren faire de la trottinette → 1A
sehr beaucoup → MC, très → MA
sein être
sein/seine *Singular* son/sa
seine *Plural* ses
seit depuis → MA
Seite la page → MD
Sekunde la seconde → MB
selbstverständlich bien sûr
September septembre → 1App
Serie la série
shoppen (gehen) faire du shopping → 3App
singen chanter → 1App
Skateboard le skate, **Skateboard fahren** faire du skate → 3App
Skatepark le skatepark → 3A
So! Ça y est ! *fam.* → MD
Sohn le fils
Sommer l'été *m.* → 1App; **im Sommer** en été
Sonntag, am Sonntag dimanche → 1A
Soße la sauce → 4App
Spanisch l'espagnol *m.*
(echt) Spaß haben rigoler (bien) → MA
spät tard → 5B
Spaziergang la balade → 3App
Speiseplan le menu → 4A
Spiel le match → 3App
spielen jouer; **etw. spielen** jouer à + *Name*
Spieler/-in le joueur / la joueuse; **Lieblingsspieler/-in** le joueur préféré / la joueuse préférée
Sport le sport, l'EPS *f. Schulfach* → 2A; **Sportkleidung** les vêtements de sport *m. pl.* → 1A
sportlich sportif/sportive *adj.* → MA
Sprache la langue; **Welche Sprachen sprichst du?** Tu parles quelles langues ?
sprechen parler
Stadion le stade
Stadt la ville
Steak le steak → 4App
Stelle l'endroit *m.*
stellen (etw.) mettre qc → 4B
Stiefmutter la belle-mère
Stiefvater le beau-père
Stift le stylo
Strand la plage → 5App
Straße la rue
Stuhl la chaise
Stunde l'heure *f.*
Stundenplan l'emploi du temps *m.* → 2A
suchen (jdn/etw.) chercher qn/qc
super super *adj. fam.*; **Das ist super!** C'est super !
Supermarkt le supermarché
Suppe la soupe → 4A
surfen (im Internet) surfer (sur Internet) → 3B
süß chou *adj. fam.*
sympathisch sympa *adj. fam.*

T

Tablet la tablette
Tafel le tableau / les tableaux
Tag *in seinem Ablauf* la journée → 2A
Tante la tante
Tanz, Tanzen la danse
Tasche le sac
Technik la techno(logie) → 2A
teilen (etw.) partager qc
Tennis le tennis → MA
Termin le rendez-vous → 3B
Test le contrôle → MD
Text le texte → MC
Theater le théâtre
Tier l'animal / les animaux *m.*
Tisch la table; **den Tisch decken** mettre la table → 4B; **am Esstisch** à table → 4B; **Zu Tisch!** À table ! → 4B
Tochter la fille
Toilette les toilettes *f. pl.* → 2App

toll super *adj. fam.*
Tomate la tomate → 4A
tragen (etw.) porter qc → MA
traurig triste *m./f. adj.* → MA
treffen (jdn / sich mit jdm) retrouver qn → 3App
Trikot le maillot → 1B
Tschüss! Salut ! *fam.*
tun (etw.) faire qc → 1A
Tunesien la Tunisie
Tür la porte
Turnhalle le gymnase → 2App
Turm la tour
Turnschuhe les baskets *f. pl.* → 3B

U

U-Bahn le métro; **U-Bahn-Station** la station de métro → 3B; **mit der U-Bahn** en métro
Übung l'exercice *m.* → MD
um à… heure(s) → 1A; **Um wie viel Uhr?** À quelle heure ? → 3A
um etw. zu tun pour + *inf.* → 3App
und et; **Und dir? / Und du?** Et toi ?
Unordnung le bazar *fam.*
unser/unsere *Singular* notre → 2A
unsere *Plural* nos → 2A
unter sous
Unterricht, Unterrichtsstunde le cours → 2A; **im Unterricht** en cours
Urgroßmutter l'arrière-grand-mère *f.*
Urgroßvater l'arrière-grand-père *m.*

V

Vater le père
vegetarisch végétarien/végétarienne *adj.* → MA
Verabredung le rendez-vous → 3B
Verein le club
verschwenden (etw.) gaspiller qc → 2B
Verspätung le retard → MB
Video la vidéo → 2B; **Videospiele** les jeux vidéo *m. pl.*
viel beaucoup → MC, beaucoup de qc → 2B
Viele Grüße aus … Bonjour de… + *Ort*
vielleicht peut-être → 1B
Viertel le quartier, le quart → MB;
Viertel nach et quart → MB
von (Ort) sein être de (*Ortsname*)
vor *räumlich* devant
vorbeifahren/vorbeigehen (an/bei etw.) passer par
vorbereiten (etw.) préparer qc → 4App
Vorspeise l'entrée *f.* → 4A
vorstellen (jdn/etw.) présenter qn/qc → MC; **ich werde euch/Ihnen etw. vorstellen** je vais vous présenter qc → MC
Vulkan le volcan → 5B

W

während pendant
Wand le mur
Wann …? *Fragewort* Quand… ? → 1App
Warum …? *Fragewort* Pourquoi… ? → 1A; **Warum nicht?** Pourquoi pas ? → 3A
Was …? Qu'est-ce que… ?; *Fragewort* Quoi ? *fam.* → 5B; **Was ist dein Lieblingsgericht?** Quel est ton plat préféré ? → 4App
Wasser l'eau / les eaux *f.* → 4B
weil parce que
Weiß le blanc; **weiß** blanc/blanche *adj.* → MA
Welche Sprachen sprichst du? Tu parles quelles langues ?
Welcher Tag ist heute? On est quel jour ? → MD
weniger moins → MB
wenn, immer wenn quand → MA
Wer …? *Fragewort* Qui… ?
Werken *Schulfach* la techno(logie) → 4A
Wetter le temps → 5A; **Wie ist das Wetter?** Il fait quel temps ? → 5A;
Es ist warm / kalt / schönes Wetter. Il fait chaud/froid/beau. → 5A
wichtig important/importante *adj.* → MC
wie comme
Wie …? *Fragewort* Comment… ?; **Wie alt bist du?** Tu as quel âge ?; **Wie geht's?** Ça va ?; **Wie heißt du?** Tu t'appelles comment ?; **Wie schreibt man …?** Comment on écrit… ?; **Wie spät ist es?** Il est quelle heure ? → MB;
Wie viel …? *Fragewort* Combien… ? → 1B; **Wie viel kostet das?** Ça coûte combien ? → 1B
wiederholen (etw.) répéter qc → 1App
Willkommen! Bienvenue !
Winter l'hiver *m.* → 1App; **im Winter** en hiver
Wir gehen dahin! On y va ! → 3A
Wissenschaft la science
Wo …? *Fragewort* Où… ?; **Wo ist das?** C'est où ?; **Wo wohnst du?** Tu habites où ?
Woche la semaine → 1App
Wochenende, am Wochenende le week-end
Wohin …? *Fragewort* Où… ?
wohnen habiter
Wohnzimmer le salon → 1A
wollen (etw.) vouloir qc → 3B, **wollen (etw. tun)** vouloir + *inf.* → 3B
Workshop l'atelier *m.* → 3App
Wort le mot

Z

Ich zähle auf dich. Je compte sur toi. → 1A
Zahnspange l'appareil dentaire *m.* → MA
zeichnen (etw.) dessiner qc
Zeit le temps → MA
zelten faire du camping → 1A
zu chez + *personne* → 3B;
zu Fuß à pied
zu Hause à la maison → 5App
zu mir/dir chez moi/toi
zu viel/viele trop de qc → 2B
zu, zu sehr trop → 1B
zu spät en retard → MB
zubereiten préparer qc → 4App
Zucker le sucre → 4App
zuerst d'abord
Zug le train → 5App; **mit dem Zug** en train
zuhören écouter
zum Beispiel / z. B. par exemple / p. ex.
zum Schluss pour finir → MC
zusammen ensemble
zwischen entre

Illustrationen: Cornelsen/Laëtitia Aynié S. 3 *un.li.*, 13 *un.re.*, 14 *un.re.*, 16 *3ab*, 22 *1+2*, 23 *Noten*, 24 *Mi.*, 25 *un.*, 26 *Noten*, 38, 41, 43, 44 *A–H*, 45 *6*, 56, 57 *Mi.re.*, 58 *Mi.re.*, 72 *Mi.re.*, 75 *1*, 76 *un.*, 80 *1*, 89 *3b1–6*, 98, 101 2, 111, 119, 120 *2b A–J*, 122 *un.li.*, 129, 130, 134 *Mi.re.*, 138 *un.re.*, 141, 143 *un.re.*, 144, 145 *un.re.*, 146, 147 *un.re.*, 148 *un.re.*, 149 *ob.re+Mi.ob.*, 150 *ob.re.*, 151, 155 *Mi.un.li.*, 164 *ob.re.*, 168 *Mi.re.+un.re*; **Helene Badault** S. 108; **Céline Bailleux** S. 3 *ob.re.*, 5 *un.li.*, 17, 21 *9bA*, 22 3, 23, 24 *un.*, 25 *ob.*, 28, 29, 30–31, 33, 34 *ob.*, 35 *un.re.*, 39 *1+2*, 40, 45 *4c+5+A– F*, 53 3, 55, 57 *1– 4+A– D*, 58 *1– 6+ob.re.*, 59, 68 *3a+3b*, 69 *ob.re*, 70 *un.re.*, 73, 75 2, 76 *ob.*, 77, 79 *ob.*, 82, 83, 92 *4a1+2*, 93, 94, 96, 97, 98 *3*, 99 *4 1–5*, 101 *Mi.ob.*, 102 *3c A– C*, 111 *2a A– E+G+H*, 117 *4g+5*, 118 *9b*, 119, 121 *4 1–5*, 134 *on.re.*, 136, 137 *Mi.li+Mi.re.*, 138, 139 *Mi.ob.*, 140 *Mi.li.*, 141 *Mi.un.*, 142 *Mi.un.*, 143 *Mi.re.*, 144, 145 *Mi.ob.*, 148 *ob.re.+ Mi.re.*, 149, 151, 152, 153, 154, 155, 156 *ob.re.+Mi.re.*, 157 *ob.re.+un.li.*, 158 *Mi.re.*, 159 *ob.re.*, 160 *ob.re.+un.re.*, 161 *ob.re.+un.re.*, 162 *ob.re.*, 163 *un.re.*, 164 *un.re.*, 165 *un.re.*, 166 *un.re.*, 167 *ob.re.*, 168 *ob.re.*; **Michel Cambon** S. 6 *un.li.*, 106 *Mi.re.*, 107, 145 *Mi.re.*; **Laurent Lalo** S. 15 *ob.*, 68 *4F*, 122 *ob.re.*, 127, 131 *Zahlen*, 132 *Buchstaben*, 133 *Jahreszeiten*, 134 *ob.re.*, 135 *ob.re.+Mi.re.*, 136 *Buchstaben*, 137, 139, 140, 142, 144, 145, 147 *ob.re.*, 148 *Fragezeichen*, 149 *Mi.re.*, 150 *un.re.*, 151, 152 *Mi.re.*, 154 *Mi.un.+Tomate+Pfeffer*, 156 *ob.Mi.re.*, 157 *Mi.un.*, 158 *ob.re.*, 159, 160 *ob.li.*, 166 *Mi.re.+un.re.*, 167 *un.re.* **Paul Lalo** S. 163 *ob.*
Fotos: Cornelsen/Buzz Production/Laurence Uzel S. 6 *un.re.*, 11 *ob.re.*, 14 *Köpfe*, 50 *Köpfe*, 52 *ob.re.*, 66 *Köpfe*, 67 *Köpfe*, 91 1, 103 *Mi.ob+ob.li+ob.re.*; **Isis Martins** S. 126 *4.4.1 A–C*
Filmstills: Cornelsen/Gunnar Rossow Cinematography+adobe.stock: *li.* julie vercammen; *Mi.* thenatchdl; *re.* CECILE, S. 10 *m.r.*, S. 5 *Hund*, 26, 39 *3*; **Buzz Production** S. 12 *un.re.*, 32, 42, 50 *Mi.re.*, 51 *4*, 54 *7A–E*, 69 *Mi.re*, 70 *ob.re.*, 72 *ob.li.*, 74 *ob.re.*, 80 *ob.re.*, 102 *1*
Karten: Volkhard Binder V2, V7 *ob.re.*; **Lennart Fischer** S. 60 *Mi.re.*, V7
Abbildungen: Cover *li.* stock.adobe.com/daliu, *re.* Shutterstock.com/pisaphotography; **Vorsatz** *2 o.l.* Shutterstock.com/Sergey Kelin, *o.M.* Shutterstock.com/Antoine2K, *o.r* Bridgeman Images/Photo © Imagebroker; **V3** Karte Shutterstock.com/AKaiser, *o.l.* stock.adobe.com/Beboy, *o.M.* Shutterstock.com/Mistervlad, *o.r.* Shutterstock.com/Antoine2K, *Icons* stock.adobe.com/HILTS, *Karussel* Shutterstock.com/Alfmaler; *Paris* Shutterstock.com/Thomas Pajot; **S. 2** *o.r.* Shutterstock.com/New Africa, *u.l.* Shutterstock.com/Mark Nazh; **S. 3** *Mi.li.* Shutterstock.com/Skeleton Icon, *Mi.li.* Shutterstock.com/illustration one love, *Mi.re.* Shutterstock.com/MinskDesign, *Mi.li.* Shutterstock.com/90miles, *3 ob.re.* Shutterstock.com/Antoine2K, *ob.Mi.* Shutterstock.com/Mistervlad, *ob.re.* Shutterstock.com/Alfmaler, *un.li.* Shutterstock.com/Thomas Pajot, *ob.li.* stock.adobe.com/Beboy; **S. 4** *un.li.* Shutterstock.com/Tomas Simkus, *ob.re.* akg-images/Joan Rabascall; **S. 5** *ob.re.* Shutterstock.com/Melica; **S. 6** *ob.re.* stock.adobe.com/Sébastien KOMARNICKI; **S. 7** *un.Mi.* Shutterstock.com/farzand01, *ob.li.* Shutterstock.com/farzand01; **S. 8** *ob.re.* Bridgeman Images/De Agostini Picture Library/C. Sappa, *Mi.li.* Shutterstock.com/El Greco 1973, *un.Mi.* Shutterstock.com/pisaphotography, *un.re.* Shutterstock.com/EricBery, *ob.Mi.* stock.adobe.com/Guy Bryant, *Mi.re.* Bridgeman Images/Peter Langer/Design Pics/UIG, © Pyramide du Louvre, architecte I. M. Pei, musée du Louvre; **S. 9** *ob.re.* mauritius images/alamy stock photo/Robbert Frank Hagens, *Mi.re.Mi.* mauritius images/alamy stock photo/edpics, *ob.re.* Shutterstock.com/maxpro, *ob.re.* Shutterstock.com/EQRoy; **S. 10** *ob.re.* Shutterstock.com/Eric Isselee, *ob.Mi.* stock.adobe.com/graphlight, *Mi.li.* stock.adobe.com/kisscsanad, *Mi.li.* Shutterstock.com/Chones, *Mi.* stock.adobe.com/ANASTASIIA, *Mi.* Shutterstock.com/Nata-Lia, *Mi.li.* Shutterstock.com/James Steidl, *un.re.* Shutterstock.com/nikiteev_konstantin; **S. 11** *Mi.* Shutterstock.com/D.Marty, *ob.re.* Shutterstock.com/Ensuper; **S. 12** *Mi.re.* Shutterstock.com/Soloviova Liudmyla, *Mi.* Shutterstock.com/Ground Picture, *ob.Mi.* Shutterstock.com/Pixel-Shot, *ob.re.* Shutterstock.com/Shchus, *Mi.li.* Shutterstock.com/Ruslan Grumble, *ob.Mi.* Shutterstock.com/Look Studio; **S. 13** *Mi.* Shutterstock.com/Iryna Inshyna, *ob.li.* Shutterstock.com/SeventyFour, *Mi.re.* Shutterstock.com/digitalskillet, *Mi.re.* Shutterstock.com/Afanasiev Andrii, *ob.Mi.* Shutterstock.com/Anthea1408, *ob.re.* Shutterstock.com/Delbars; **S. 14** *un.li.* Shutterstock.com/illusionix, *Flaggen* Shutterstock.com/xiver; **S. 15** *Mi.* stock.adobe.com/zyabich; **S. 16** *3.F* Shutterstock.com/cheesekerbs, *3.B* Shutterstock.com/Anatolir, *2.D* Shutterstock.com/omibomotu, *2.B* Shutterstock.com/popicon, *3.C* stock.adobe.com/Emil, *3.D* stock.adobe.com/agrino, *2.B* stock.adobe.com/andrej, *2.F* stock.adobe.com/Sergei Sizkov, *2.A* Shutterstock.com/Anastasia Boiko, *un.li.* Shutterstock.com/davorana, *un.Mi.* Shutterstock.com/davorana, *3.E* Shutterstock.com/TotemArt, *2.E* Shutterstock.com/saravector, *3.Al.* Shutterstock.com/nikiteev_konstantin, *2.C* Shutterstock.com/Azazello, *3.Ar.* Shutterstock.com/Janis Abolins; **S. 18** *Ball* Shutterstock.com/Pavel Gulea, *Gitarre* stock.adobe.com/Theeradech Sanin, *Gabin* Shutterstock.com/Miceking, *Pizza* stock.adobe.com/exclusive-design, *Geschenk* shutterstock/Timmary, *emoticon* Shutterstock.com/illusionix; **S. 19** *un.re.* Shutterstock.com/Meilun; **S. 20** *7A* Shutterstock.com/Sergej Razvodovskij, *7B* Shutterstock.com/Vastram, *7C* Shutterstock.com/spaxiax, *7D* Shutterstock.com/Roman Arbuzov, *8* Shutterstock.com/fizkes, *6* Shutterstock.com/T-Kot, *7E* Shutterstock.com/Sergio33; **S. 21** *alle Geldassets* Shutterstock.com/Artco, *Geschenk* Shutterstock.com/M-vector, *Glühbirne* Shutterstock.com/Irina Adamovich, *Fragezeichen* Shutterstock.com/Fourdoty, *a5* Shutterstock.com/Anatolir, *a1* Shutterstock.com/nikiteev_konstantin, *a8* Shutterstock.com/Michal Sanca, *a4* Shutterstock.com/CHARTGRAPHIC, *a6* Shutterstock.com/Fahmidesign, *a10* Shutterstock.com/13ree.design, *a2* Shutterstock.com/Anastasia Boiko, *emoticon* Shutterstock.com/illusionix, *Mi.re.un.Mi.* Shutterstock.com/Artco, *a9* Shutterstock.com/Boyo Ducks, *a7* Shutterstock.com/Jane Kelly, *a3* Shutterstock.com/omprakash kumawat97, *B.un.re.* Shutterstock.com; **S. 25** *3a* Shutterstock.com/xiver; **S. 27** *Schokolade* Shutterstock.com/Andris Tkacenko, *Backform* Shutterstock.com/PHOTOGRAPG_ER, *Zucker* Shutterstock.com/bigacis, *1* Shutterstock.com/TNMDesign, *3* stock.adobe.com/CL-Medien, *2* stock.adobe.com/Africa Studio, *5* stock.adobe.com/Michal Schwarz, *4* stock.adobe.com/bongkarn, *Butter* stock.adobe.com/guy, *Mehl* stock.adobe.com/Sergii Moscaliuk, *Eier* stock.adobe.com/Natika, *Hintergrund* Shutterstock.com/S_Photo; **S. 28** *Mi.* stock.adobe.com/THINK b, *Mi.li.* Shutterstock.com/Mark Nazh; **S. 32** *b.5.A–E* Shutterstock.com/Skeleton Icon, *1a2* Shutterstock.com/D.M S K, *6.u.7.A+B* Shutterstock.com/pingebat, *un.Mi.* Shutterstock.com/Skeleton Icon, *un.Mi.* Shutterstock.com/Skeleton Icon, *un.Mi.* Shutterstock.com/Skeleton Icon, *un.li.* Shutterstock.com/Skeleton Icon; **S. 33** *emoticons ob.re.* Shutterstock.com/pingebat, *Mi.re.* Shutterstock.com/pingebat, *emoticon ob.li.* Shutterstock.com/Zdenek Sasek; **S. 34** *6* stock.adobe.com/THINK b; **S. 35** *Stern* Shutterstock.com/Maksym Drozd, *Kalender* Shutterstock.com/Fourdoty, *Albtraum* Shutterstock.com/ksenvitaln, *Fragezeichen* Shutterstock.com/WEB-DESIGN, *Kleeblatt* Shutterstock.com/luma_art, *Blitz* Shutterstock.com/Vectorr Icon, *Miese Laune-Icon*. Shutterstock.com/pingebat; **S. 36** *ob.Mi.Mi.* stock.adobe.com/ljo57, *5* stock.adobe.com/Wavebreak Media, *10* Cornelsen/Caroline Woiton, *emoticon* Shutterstock.com/illusionix, *emoticon* Shutterstock.com/illusionix, *11.re.* Shutterstock.com/matimix; **S. 44** *Hintergrund Nr.2* Shutterstock.com/AVN Photo Lab, *Flaggen* Shutterstock.com/xiver; **S. 45** *Flaggen* Shutterstock.com/xiver; **S. 46** *emoticon* Shutterstock.com/graphixmania, *7. A+B* Shutterstock.com/FOS_ICON, *2.D* Shutterstock.com/Oxy_gen, *re.* Shutterstock.com/pixelheadphoto digitalskillet, *Mi.li.* Shutterstock.com/Desizned, *Mi.re.* Shutterstock.com/paulaphoto, *li.* Shutterstock.com/asife, *Flagge* Shutterstock.com/xiver; **S. 47** *ob.li.* Shutterstock.com/Ollyy, *ob.re.* Shutterstock.com/MPH Photos; **S. 48** *2* Imago Stock & People GmbH/viennaslide, *Stecknadel* Shutterstock.com/Picsfive, *Hintergrund* stock.adobe.com/Lsantilli, *3* mauritius images/alamy stock photo/Mark O'Flaherty, *1* mauritius images/Masterfile; **S. 49** *Mi.* Imago Stock & People GmbH/viennaslide, *4* Shutterstock.com/Kiev.Victor, *ob.re.* Imago Stock & People/imageBROKER/Stephan Gabriel, *6* Imago Stock & People GmbH/Photo12/xGillesxTargat/Photo12x GTT13A05290, 2a2 Shutterstock.com/illustration one love, 2a3 Shutterstock.com/Hein Nouwens, 2a1 Shutterstock.com/graphixmania, *2a4* stock.adobe.com/anniris, *Stecknadel* Shutterstock.com/Picsfive, *5* akg-images/Joan Rabascall; **S. 50** *Mi.re. Hintergrund* stock.adobe.com/ljo57, *Mi.re.* Shutterstock.com/ArnaPhoto, b3.A stock.adobe.com/muhamad, b1.A stock.adobe.com/mushakesa, *Mi.ob.Mi.* Shutterstock.com/SNicky, b2.B Shutterstock.com/pking4th, *b2.A* Shutterstock.com/MinskDesign; **S. 51** *6a* Shutterstock.com/90miles; **S. 52** *Daumen* Shutterstock.com/FOS_ICON, *ob.re. Hintegrund* Shutterstock.com/r.classen, *emoticons* Shutterstock.com/Castleski, *Mi.li.* Shutterstock.com/AZdesign; **S. 53** *Daumen* Shutterstock.com/FOS_ICON, *1.B* Shutterstock.com/illustration one love, *4.B* Shutterstock.com/Hein Nouwens, *5.A* Shutterstock.com/Martial Red, *4.C* Shutterstock.com/Oxy_gen, *ob.re.* Shutterstock.com/Anastasia Boiko, *5.C* Shutterstock.com/R Market Stock, *1.C* Shutterstock.com/vladmark, *Mi.ob.Mi.* Shutterstock.com/SNicky, *un.re.* Shutterstock.com/Katynn, *ob.Mi.* Shutterstock.com; **S. 54** *un.Mi.* Shutterstock.com/Skeleton Icon, *Daumen* Shutterstock.com/FOS_ICON, *un.re.* Shutterstock.com/Skeleton Icon, *Flaggen* Shutterstock.com/xiver, *un.Mi.* Shutterstock.com/Skeleton Icon; **S. 58** 7 Shutterstock.com/davorana, *ob.re.* Shutterstock.com/nikiteev_konstantin; **S. 60** *ob.re.* Shutterstock.com/Esenin Studio, *alle Wecker* Shutterstock.com/GLYPHstock, *Bälle* Shutterstock.com/vladmark, *un.Mi.* Shutterstock.com/Skeleton Icon; **S. 61** *Mi.* Imago Stock & People GmbH/viennaslide, *un.Mi.* Imago Stock & People GmbH/viennaslide, *Mi.li.* Imago Stock & People GmbH/viennaslide, *Hintergrund* Shutterstock.com/Jan Faukner, *ob.re.* Shutterstock.com/irur; **S. 62** *Mi.li.* Cornelsen/Lara Nikolic, *Stecknadel* Shutterstock.com/Picsfive, *Hintergrund* Shutterstock.com/Orfeev, *Mi.re.* dpa Picture-Alliance/ZUMAPRESS.com/LaPresse via ZUMA Press/Fabio Serino; **S. 63** *Mi.* Cornelsen/Lara Nikolic, *Musikbox* Shutterstock.com/Roman Arbuzov; **S. 64** *Hintergrund* Shutterstock.com/Tomas Simkus, *ob.li.* dpa Picture-Alliance/abaca/DNphotography/ABACAPRESS.COM, *un.li.* Imago Stock & People GmbH/Starface/xIsabellexVautierx/xStarfacex STAR_270348_023,

Mi.re. Shutterstock.com/LINGTREN.COM; **S. 65** *Hintergrund* Shutterstock.com/Tomas Simkus, *un.li.* akg-images/Jazz Archiv/Michi Reimers, *Mi.re.* dpa Picture-Alliance/KEYSTONE/ANTHONY ANEX, *ob.li.* Imago Stock & People GmbH/Reporters; **S. 66** *3* Shutterstock.com/PatriciaGH, *Hintergrund* Shutterstock.com/delobol, *1* Shutterstock.com/Melica, *2* Shutterstock.com/Mironov Vladimir; **S. 67** *5* Shutterstock.com/Misha Feriukov, *6* Shutterstock.com/Liliya Kandrashevich, *4* stock.adobe com/annapustynnikova; **S. 68** *un.re.* Shutterstock.com/Christian Jung, *Schokolade* stock.adobe.com/BillionPhotos.com, *un.li.* Shutterstock.com/BMProductions, *4C* Shutterstock.com/monicaodo, *4B* stock.adobe.com, *4H* Shutterstock.com/Genzi, *4E* stock.adobe.com/Iana Alter, *4D* Shutterstock.com/Vector Tradition, *4G* Shutterstock.com/monicaodo, *Milch* Shutterstock.com/Tanya Sid, *Mehl* stock.adobe.com/Sergii Moscaliuk, *Eier* stock.adobe.com/Natika, *Zucker* stock.adobe.com/Coprid, *4A* stock.adobe.com; **S. 69** *ob.li.* Shutterstock.com/Pagina; **S. 71** *Mi.* Shutterstock.com/Rawpixel.com; **S. 72** *un.Mi.* Shutterstock.com/xiver, *un.Mi.Mi.* Shutterstock.com/xiver, *un.Mi.* Shutterstock.com/xiver, *un.Mi.* Shutterstock.com/xiver, *un.li.* Shutterstock.com/Tanya Sid; **S. 74** *8 Küche* Shutterstock.com/Undrey, *9a À table* Shutterstock.com/VoodooDot, *Bon appétit* Shutterstock.com/Radiasi, *smiley Miam* Shutterstock.com/Elena Pimukova, *Teller* stock.adobe.com/martialred, *J'ai faim* Shutterstock.com/pingebat, *Merci!* Shutterstock.com/Vitechek, *Topf* Shutterstock.com/CosmoVector, *geben* Shutterstock.com/Blan-k, *rennen* Shutterstock.com/north100, *Standort Symbol* Shutterstock.com/pambudi; **S. 75** *Flaggen* Shutterstock.com/xiver; **S. 78** *7* Shutterstock.com/Muhammad Febriansyah **S. 79** *2.A.li.* Shutterstock.com/Africa Studio, *2.A.Mi.* Shutterstock.com/margouillat photo, *2.A.re.* Shutterstock.com/DenisMArt, *2.A.Mi.li.* Shutterstock.com/photobeps, *2.B.li.* Shutterstock.com/Elena Pimukova, *2.B.re.* Shutterstock.com/Castleski, *2.A.Mi.re.* Shutterstock.com/Anton Starikov; **S. 80** *ob.li.* stock.adobe.com/EJ White, *ob.Mi.* Shutterstock.com/Dunhill, *Butter* stock.adobe.com/guy, *Honig* stock.adobe.com/andriigorulko, *Salz* stock.adobe.com/andriigorulko, *Mehl* stock.adobe.com/Sergii Moscaliuk, *Eier* stock.adobe.com/Natika, *Zucker* stock.adobe.com/Coprid, *Hefe* stock.adobe.com/FOOD-pictures; **S. 81** *ob.Mi.li.* Cornelsen/Nicole-Simone Abt, *ob.Mi.re.* Shutterstock.com/Monkey Business Images, i.d.E. bei Rokia stock.adobe.com/Toyakisfoto.photos, *Mi.re.* Shutterstock.com/vysteki-mages, *ob.li.* Shutterstock.com/Igor Vyunyshev, *ob.re.* Shutterstock.com/Igillustrator, *Mi.re.* Shutterstock.com/arigato, *ob.Mi.* mauritius images/Ulrich Niehoff; **S. 84** *Lisa* Shutterstock.com/Svetlana Glazkova, *Karim* Shutterstock.com/Jazzmany, *Pierre* Shutterstock.com/travelview, *Samira* stock.adobe.com/Darssaievisk Mateus Caldeira/Darssaievisk, *Baguette* Shutterstock.com/caramelina, *Milch* stock.adobe.com, *Nudeln* Shutterstock.com/Vector Tradition, *Gemüse un.* Shutterstock.com/monicaodo, *Fisch* Shutterstock.com/Nilamsaridua, *Schokolade* Shutterstock.com/indahp, *Spaghetti* Shutterstock.com/rufat42, *Gemüse ob.* Shutterstock.com/sarahdesign, *Apfel* Shutterstock.com/Hein Nouwens, *Käse un.* stock.adobe.com/Iana Alter, *Käse ob.* Shutterstock.com/AVIcon, *Fleisch ob.* Shutterstock.com/marina_ua, *Fleisch un.* Shutterstock.com/Genzi, *MENU 1* Shutterstock.com/AVA Bitter, *MENU 2* Shutterstock.com/lena_nikolaeva, *MENU 3* Shutterstock.com/LenLis *Erdbeere* Shutterstock.com/Hein Nouwens; **S. 85** *4* Shutterstock.com/graphixmania; **S. 86** *ob.li.* Shutterstock.com/Filip Fuxa, *un.re.* Shutterstock.com/Leonid Andronov, *un.li.* Shutterstock.com/Robert Bleecher, *ob.re.* Shutterstock.com/Sergey Berestetsky, *ob.Mi.* Shutterstock.com/dikobraziy; **S. 87** *un.re.* stock.adobe.com/fivepointsix, *ob.re.* stock.adobe.com/A. Louche, *ob.li.* stock.adobe.com/matho; **S. 88** *ob.re.* Shutterstock.com/farzand01, *un.li.* Shutterstock.com/illusionix, *un.li.* Shutterstock.com/illusionix, *un.li.* Shutterstock.com/illusionix, *Basketball* Shutterstock.com/Pavel Gulea, *Gitarre* stock.adobe.com/Theeradech Sanin; **S. 89** Shutterstock.com/indigo.diamond; *Mi. Wetter Symbole* Shutterstock.com/Raura7; **S. 90** *Icon „Tu es où"* Shutterstock.com/Azaze11o, *Pärchen* stock.adobe.com/AnKudi, *Wetter Icons* Shutterstock.com/indigo.diamond, *emoticons* Shutterstock.com/pingebat, *Blitz* Shutterstock.com/Vectorr Icon, *un.li.* stock.adobe.com/simona; **S. 91** *ob.li.* Shutterstock.com/Oligo22, *ob.re.* stock.adobe.com/promesaartstudio, *un.re.* stock.adobe.com/Flavia Novais Photgraphy, *Mi.re.* stock.adobe.com/Christelle.delforge, *Mi.* stock.adobe.com/Sébastien KOMARNICKI, *un.re.* Shutterstock.com/Liz Ritchie, *un.Mi.* stock.adobe.com/Fyle, *Mi.li.* stock.adobe.com/Marylène11Photographies, *1* Cornelsen/Buzz Productions/Laurence Uzel; **S. 92** *Blitz* Shutterstock.com/Vectorr Icon, *2a* Shutterstock.com/Jakob Fischer, *Mi.re.* Shutterstock.com/pingebat; **S. 95** *9a* Shutterstock.com/Gaspar Janos; **S. 97** *mitte* Shutterstock.com/xiver, *mitte* Shutterstock.com/xiver; **S. 98** *2 alle* Shutterstock.com/indigo.diamond, *Rucksack* Shutterstock.com/tale, *Stifte* Shutterstock.com/FabrikaSimf, *Notizbuch* Shutterstock.com/gnizay, *Federtasche* Shutterstock.com/David Franklin, *Handy* Shutterstock.com/MPFphotography, *Musikbox* Shutterstock.com/Roman Arbuzov, *Kabellose Kopfhörer* Shutterstock.com/AlenKadr, *Tablett* Shutterstock.com/Alexey Boldin, *Kuscheltier* Shutterstock.com/NUM LPPHOTO; **S. 99** *5a* Shutterstock.com/Monkey Business Images; **S. 100** *7* Shutterstock.com/Rambu Ioana, *8 re.* Shutterstock.com/Darren Baker, *8 li.* Shutterstock.com/FreshTown Graphics; **S. 102** *5* Shutterstock.com/Michal Balada, **S. 103** *Mi.* stock.adobe.com/kichigin19; **S. 104** *Tunesien* Flagge stock.adobe.com/BEMPhoto, *Weltkugel* Shutterstock.com/farzand01, *1* Shutterstock.com/Charged One, *3* Shutterstock.com/Alex Cimbal, *2* stock.adobe.com/Андрей Журавлев, *7* Shutterstock.com/Romas_Photo, *8* Shutterstock.com/V. Tarasenko, *6* Shutterstock.com/Zribis, *La Tunisie* stock.adobe.com/lil_22, *4* Shutterstock.com/Valery Bareta, *Gewürze* Shutterstock.com/monticello, *Jasmin* Shutterstock.com/Olexandr Panchenko, *Blaue Tür* Shutterstock.com/ColorMaker, *9* Shutterstock.com/Leonid Andronov, *5* Shutterstock.com/Adam Ke; **S. 105** Couscous Shutterstock.com/Cook Shoots Food; **S. 106** *2* mauritius images/alamy stock photo/Keystone Press; **S. 110** *Würfel* Shutterstock.com/davorana, *un.re.* Shutterstock.com/Strahil Dimitrov, *un.li.* Shutterstock.com/A_Lesik; **S. 111** *Mia* Shutterstock.com/Monkey Business Images, *Emil* Shutterstock.com/morrowlight, *Leon* Shutterstock.com/morrowlight, *Gitarre u. Noten* Shutterstock.com/davooda, *Cuttermesser* Shutterstock.com/Happy Art, *Bäume* Shutterstock.com/mrs alfin, Portemonnaie Shutterstock.com/davooda; **S. 112** 6a stock.adobe.com/THINK b, Briefmarke stock.adobe.com/promesaartstudio, Notre Dame stock.adobe.com/tuulijumala; **S. 113** *Kalender* Shutterstock.com/Fourdoty, *7* Shutterstock.com/Skeleton Icon, *7* Shutterstock.com/Skeleton Icon, *Farbe + Pinsel* Shutterstock.com/ArnaPhoto, *emoticon* Shutterstock.com/xiver, *Eule* Shutterstock.com/VendeDesign, *Frankreich Flagge* stock.adobe.com/Atlantis, *7* Shutterstock.com/Skeleton Icon, *7* Shutterstock.com/Skeleton Icon, *Basketball* Shutterstock.com/Skeleton Icon; **S. 115** *6b* Shutterstock.com/Oleksii Lomako; **S. 116** *Skateboard* Shutterstock.com/SNicky, *un.Mi.* Shutterstock.com/Melinda Nagy, *un.li.* Shutterstock.com/Ultimate Hero, *un.re.* Shutterstock.com/piyaphun phunyammalee, *Werkzeug* Shutterstock.com/Hein Nouwens, *Standort Symbol* Shutterstock.com/pambudi; **S. 117** *Mi.re.* Shutterstock.com/Christian Jung, *Schokolade* stock.adobe.com/BillionPhotos.com, *Mi.Mi.* Shutterstock.com/BMProductions, *Gemüse* Shutterstock.com/photobeps, *4h* Shutterstock.com/monicaodo, *4a, b, e* stock.adobe.com, *4i* Shutterstock.com/Genzi, *4d* Shutterstock.com/Vector Tradition, *Milch* Shutterstock.com/Tanya Sid, *Zucker* stock.adobe.com/Coprid, *un.li.* stock.adobe.com/Copyright:Edyta Guhl/rainbow33, *Butter* Shutterstock.com/Robyn Mackenzie, *un.re.* stock.adobe.com/Daniel Vincek, *4e* stock.adobe.com/Iana Alter, *Fisch* Shutterstock.com/grey_and, ick. stock.adobe.com, *Mehl* stock.adobe.com/Sergii Moscaliuk, *Eier* stock.adobe.com/Natika; **S. 118** *emoticon* Shutterstock.com/illusionix; **S. 119** *ogun mitte* Shutterstock.com/Azaze11o, *Wolken* Shutterstock com/indigo.diamond, *Pärchen* Shutterstock.com/Icon For You; **S. 119** *emoticons* Shutterstock.com/pingebat; **S. 120** *G* Shutterstock.com/cheesekerbs, *Mi.re.* stock.adobe.com/fivepointsix, *I* Shutterstock.com/OliverShort, *E* Shutterstock.com/RedKoala, *H* Shutterstock.com/Alex Oakenman; **S. 121** *Mi.li.* Shutterstock.com/S-F, *Mi.Mi.* Shutterstock.com/Vaclav Volrab, *Mi.re.* Shutterstock.com/paty; **S. 122** *Handy* Shutterstock.com/guteksk7, *Mi.* Shutterstock.com/VitalasArt, *Vokabeln* Shutterstock.com/Kozini, *Karteikarte* Shutterstock.com/Carolyn Franks; **S. 123** *Unterrichtsmaterial* Shutterstock.com/pixelnest, *ob.re.* Cornelsen/Inhouse; **S. 125** *Flaggen* stock.adobe.com/kuklos; **S. 126** *ob.re.* dpa Picture-Alliance/DALLE APRF/©dALLE APRF; **S. 128** *un.Mi.* Shutterstock.com/Makhh, *un.li.* Shutterstock.com/Sergey Novikov, *un.re.* Shutterstock.com/Jacob Lund; **S. 131** *Flaggen* Shutterstock.com/xiver; **S. 134** *Frankreich Flagge* Shutterstock.com/xiver; **S. 136** *Geld* Shutterstock.com/Artco, *Shirt* Shutterstock.com/nikiteev_konstantin, *Glühbirne* Shutterstock.com/Irina Adamovich; **S. 137** *Popcorn* Shutterstock.com; **S. 141** *ob.re.* Shutterstock.com/Fourdoty; **S. 142** *Religion* stock.adobe.com/jennys_world_of_arts; **S. 143** *emoticon* Shutterstock.com/pingebat; **S. 144** *Baguette* Cornelsen/Caroline Woiton; **S. 145** *Fächer Icons* Shutterstock.com/Skeleton Icon, *Deutschland Flagge* Shutterstock.com/xiver, *Frankreich Flagge* stock.adobe.com/Atlantis; **S. 147** *Mi.re.* Imago Stock & People GmbH/viennaslide; **S. 148** *emoticon* Shutterstock.com/pingebat; **S. 149** *tanzende Figuren* Shutterstock.com/illustration one love, *Bälle* Shutterstock.com/vladmark; **S. 152** *Mi.re.* Shutterstock.com/pingebat, *un.Mi.* Shutterstock.com/lindaks; **S. 153** *ob.re.* Shutterstock.com/Radiasi, *emoticon* Shutterstock.com/Elena Pimukova, *Teller* stock.adobe.com/martialred, *un.re.* Shutterstock.com/VoodooDot, *England Flagge* stock.adobe.com/sirius_star; **S. 154** *ob.re.* Shutterstock.com/Premier Photo; **S. 156** *un.re.* stock.adobe.com/aterrom; **S. 157** *emoticon* Shutterstock.com/pingebat; **S. 158** *Weltkugel* Shutterstock.com/farzand01, *un.li.* Shutterstock.com/Liz Ritchie, *un.re.* stock.adobe.com/Flavia Novais Photgraphy; **V7** *ob. li* Shutterstock.com/farzand01; **U4** stock.adobe.com/daliu *UK-Flaggen* stock.adobe.com/sirius_star S. 133, S. 134, S. 135, S. 138, S. 141, S. 145, S. 147, S. 150, S. 151, S. 152, S. 153, S. 155, S. 156, S. 158;

@webalys under the Creative Common Attribution licence **S. 10** *4*, S. 18 *Daumen*, **S. 21** *versch. Hände-Icons grau*, **S. 35** *versch. Hände-Icons grau, smiley "Bof", smiley „ça va", Glocke*, **S. 74** *smiley "Bof"*; **S. 90** *versch. Hände-Icons grau*; **S. 92** *Hände*

Textrecht S. 106 Jacques Prévert « Déjeuner du matin » tiré de « Paroles », Les Éditions Gallimard, 1946

À toi ! 2

Lehrwerk für den Französischunterricht an mittleren Schulformen

Im Auftrag des Verlages erarbeitet von
Peter Winz (Herausgeber) sowie Catherine Mann-Grabowski, Corinna Martin-Werner und Lara Nikolić

und der Redaktion Französisch
Julia Goltz (Projektleitung), Emily Guerry, Azyadé Belakhdar, Joanna Belde und Jana Silckerodt
Lizenzmanagement: Nicole S. Abt und Tina Becker

Beratende Mitwirkung: Kira Bennarend (Gladbeck), Aurélie Ducert (Bad Dürkheim), Margit Engel (Oldenburg), Stefan Herzberg (Berlin), Uta Höldin-Kosbab (Villingen), Ibrahim Kaddoura (Siegen), Ines Kaiser (Stuttgart), Steffen Koke (Kassel), Alexander Kraus (Vellmar), Katrin Lange (Gotha), Florian Meyer (Emtinghausen), Madita Wermke (Hannover)

Illustrationen: Laëtitia Aynié, Hélène Badault, Céline Bailleux, Michel Cambon, Laurent Lalo

Karten: Dr. Volkhard Binder, Lennart Fischer
Umschlaggestaltung und Layoutkonzept: Rosendahl Berlin – Agentur für Markendesign
Layout und technische Umsetzung: graphitecture book & edition, Reemers

Begleitmaterialien zu À toi ! 2

Carnet d'activités	978-3-06-521225-0
Grammatikheft	978-3-06-521226-7
Ebook	978-3-06-521232-8

www.cornelsen.de

Für die Nutzung des kostenlosen Internetangebots zum Buch gelten die allgemeinen Geschäftsbedingungen (AGB) des Internetportals *www.cornelsen.de*, die jederzeit unter dem entsprechenden Eintrag abgerufen werden können.

Die Mediencodes enthalten zusätzliche Unterrichtsmaterialien, die der Verlag in eigener Verantwortung zur Verfügung stellt.

Die **Cornelsen Lernen App** ist eine fakultative Ergänzung zu *À toi ! 2*, die die inhaltliche Arbeit begleitet und unterstützt. Als solche unterliegt sie nicht der Genehmigungspflicht.

Soweit in diesem Lehrwerk Personen fotografisch abgebildet sind und ihnen von der Redaktion fiktive Namen, Berufe, Dialoge und Ähnliches zugeordnet oder diese Personen in bestimmte Kontexte gesetzt werden, dienen diese Zuordnungen und Darstellungen ausschließlich der Veranschaulichung und dem besseren Verständnis des Inhalts.

1. Auflage, 1. Druck 2023

Alle Drucke dieser Auflage sind inhaltlich unverändert und können im Unterricht nebeneinander verwendet werden.

Druck: Mohn Media Mohndruck, Gütersloh

ISBN 978-3-06-521224-3

PEFC/04-31-1033

PEFC zertifiziert
Dieses Produkt stammt aus nachhaltig bewirtschafteten Wäldern und kontrollierten Quellen.

www.pefc.de

Glossaire

Egal, was du in einer Arbeitsanweisung nicht verstehst, suche nach dem jeweiligen Verb. So wirst du fündig!

A	À toi ! / À vous !	Du bist dran! / Ihr seid dran!
	Apprends (les nombres).	Lerne (die Zahlen).
C	Choisis (les formes correctes).	Wähle (die richtigen Formen).
	Comparez (les langues / vos réponses).	Vergleicht (die Sprachen / eure Antworten).
	Complète les phrases.	Ergänze die Sätze.
	Continue (le poème).	Schreibe (das Gedicht) weiter.
	Corrigez vos textes.	Korrigiert eure Texte.
D	Décris (l'image).	Beschreibe (das Bild).
	Devine (le nombre).	Errate (die Zahl).
	Dites (la date).	Sagt (das Datum).
	Discutez.	Diskutiert.
E	Échangez les rôles.	Tauscht die Rollen.
	Écoute (l'annonce / la chanson / le dialogue).	Hör (die Annonce / das Lied / den Dialog).
	Écris (les mots / un commentaire).	Schreibe (die Wörter / einen Kommentar).
	Écrivez (un poème).	Schreibt (ein Gedicht).
	Entraîne-toi à la prononciation.	Übe deine Aussprache.
	Expliquez (le menu).	Erklärt (das Menü).
F	Fais une recherche.	Recherchiere.
	Filmez votre scène.	Filmt eure Szene.
I	Imaginez une scène de cours.	Denkt euch eine Unterrichtsszene aus.
J	Jouez (la scène / le poème) devant la classe.	Spielt (die Szene / das Gedicht) vor der Klasse.
	Jouez aux dés.	Würfelt.
L	Lis (le message / les informations).	Lies (die Nachricht / die Informationen).
M	Mimez les activités	Stellt die Aktivitäten pantomimisch dar.
	Montre (les endroits).	Zeige (die Orte).
N	Note les expressions utiles.	Schreibe die nützlichen Wendungen auf.
P	Parlez de (vos vacances).	Sprecht über (eure Ferien).
	Posez des questions.	Stellt Fragen.
	Présente ta chanson préférée.	Stelle dein Lieblingslied vor.
R	Racontez (au *passé composé*).	Erzählt (im *passé composé*).
	Regarde (la carte / la photo / la vidéo).	Sieh dir (die Karte / das Foto / das Video) an.
	Relis les phrases.	Lies die Sätze noch einmal.
	Reliez les messages.	Verbindet die Nachrichten.
	Répète (les virelangues).	Sprich (die Zungenbrecher) nach.
	Réponds.	Antworte.
	Retrouve (les mots / les expressions).	Finde (die Wörter / die Wendungen).
S	Survole (le chat / le texte / la page).	Überfliege (den Chat / den Text / die Seite).
T	Travaillez à deux/quatre.	Arbeitet zu zweit/viert.
	Trouve (les bons dessins).	Finde (die richtigen Zeichnungen).